U0554644

数字化生活

假如未来已经先你而行

[法] 曼努埃尔 · 迪亚斯◎著
(Manuel Diaz)

苏蕾◎译

中国人民大学出版社
· 北 京 ·

序　言

如果我们知道如何去适应，那么数字化就是一个契机而不是一种威胁。

雅高集团（Accor Group）是法国排名第一、世界排名第六的酒店集团。两年前，当我被任命为该集团的董事长兼首席执行官时，数字化显然已开始成为一个优先发展的领域。

除非是在一个与世隔绝的山洞里生活了 15 年，否则我们每个人都知道数字化是无处不在的。无论您从事什么行业，如果您认为自己处于某种“反数字化庇佑所”的保护之下，那您就自愿承担了“被隔绝”的风险。

对于一个个体来讲，可能是被隔绝于社会生活之外；对于一个雇员来讲，是被隔绝于职业生涯之外；对于一个企业来讲，必然会被排除在市场之外。

这正是挑战所在。数字化会迫使我们走出舒适区，因为我们不能再将从别处或从我们的竞争对手那里发现的好经验通过简单的复制粘贴来解决我们自己的问题。

我不是“极客”（Geek），我也不是天生的数字人。但我对周围的世界处处留意并充满了强烈的好奇。特别是，我有足够开放的思维方式。这使我认识到我不是周知一切的，因此要向那些知道的人学习。这就是为什么会有许多数字化转型方面的高端人才与我就构建雅高酒店的战略部署并肩工作。我所理解的是：对于一个企业来说，数字化应具有某些非常个性化的东西。人们看到的往往是技术层面，但在这背后存在的通常是关于品牌认同、企业文化，甚至是企业所处行业等各方面的问题。如果没有对所有这些方面做出深入的思考，即使是最好的技术也没有用武之地，甚至可能使您陷入错误的泥潭。

我们要摆脱某些我们一直认为不可触犯的原则，观察并建立自己的真理。

如今，雅高酒店的竞争对手不再单纯来源于传统的酒店行业。我们的竞争对手会是一些初创公司；还有我们的客人，特别是那些将他们的房产放到爱彼迎（Airbnb）上出租的客人。

今后，人们不再只需要某种产品，他们更多需要的是一种服务。从明白了这些的那刻起，我们就开始进行自身调整以适应新形势，并去了解企业所处生态系统的新变化，然后开始对我们自身提出问题。

谁是我们的合作伙伴？我们可以与某些竞争对手结成联盟以抵抗那些试图将我们“优步化”的对手。而那些今天想瓜分我们市场的竞争对手有可能明天就成为盟友。

我们提供的产品是什么？我们提供的将不只是一种产品，而是一种体验！因为那些只以住宿作为产品的、设备齐全的酒店可能很轻易被比它们价格优惠的竞争对手所取代。这使它们不得不压缩利润以求生存。我们酒店未来的蓬勃发展将得益于我们在客人抵达酒店前后为他们提供的各项服务。我们称之为“全程客户陪伴”。

企业的外部环境如何？如果我没有提供一种将线上服务和酒店本身紧密结合的体验，那么迫在眉睫的风险就会再次出现。

企业如何抓住时机？如果我只满足于在客人住进我们集团的某家酒店时为其服务，我可能会失去这些客人。现如今，我们应该以某种方式一直陪伴于客人左右，为他们提供我们的服务并展示我们的价值。

让客户获得良好体验的主要手段是什么？这是一种双方处于同一水平的“合作式”的体验。也就是说，在实体经济行业里，有保证每一方执行其所做出承诺的手段。

我们的价值链是什么？我们的价值链已经变成“体验链”。正是在这个基础上，我们采取了一些举措。而这些举措在几年前被认为是不适用于酒店行业的。

而且，雅高集团变成了雅高酒店（AccorHotels）集团。雅高酒店这个数字品牌成为集团的名字，这绝不是偶然！我们的数字品牌之所以树立了良好的威望，是因为我们成功突破了一些文化及身份认同的难关。

数字化使我对在传统酒店业起决定性作用的一些大原则做出重新思考，也改变了我的思维方式，从而找到了属于我自己的答案。要做到这些，就要有如下认识：

- 数字化不是即将来临，它已经作用于我们生活的方方面面，事实就在我们的眼前。
- 数字化涉及我们所有人。无论我们是否意识到，我们都已经是数字化的主体。我们作为消费者所开发的数字化用途应该对我们作为管理者所做出的决策起到引导作用。

- 数字化是一种信念。我应该为我们集团将面临的未来做好预设；否则，就不能使企业充满活力。这是我不可推卸的责任。

- 要做好一个企业的转型，首先要做好其员工的转型。那就从我们自身开始吧。

任何一位投身革新的管理者都不愿以失败告终。我们的未来是由我们自己创造的。“优步化”不是一种必然现象。这种现象有时可能会引起某些恐惧，但它首先会给我们带来巨大的机遇。

我确信，雅高酒店作为酒店业的一个传统元素，将会成为这个市场的革新者。

传统行业中的公司具有历史实力、人才实力和革新能力。它们始终能够创新、承担风险、为自己的举措负责并取得成功！

塞巴斯蒂安·巴赞

雅高酒店集团首席执行官

目　录

引　言

数字革命应被如何归类？它当然属于“新技术”类，但不仅如此。如果数字化只服务于媒体、专业人士间的会谈或者高级爱好者的社区，那么它就只是一项技术创新；它与我们在过去60年间所经历的诸多技术创新没有什么区别。的确，从电视机到起搏器，这些革新标志着相关领域的重大进展，但它们并没有使社会整体发生如此深刻的改变。

而数字化存在于我们生活的时时处处，我们在方方面面都能感受到它。数字化引发了如此剧烈的动荡，以至于它成了我们谈话的基础。无论是直接的还是间接的，无论我们是否明确提及它，在政治、经济、文化、就业、社会、健康、时尚、哲学等各个领域都能找到它的影子。我们经常会谈论数字化，但实际上我们中的绝大多数人还不了解数字化而且不愿去设想那不可预知的未来。

创新时而会让我们微笑，时而会令我们害怕。但如果没有这些已植根于我们日常生活的大量创新，我们如今会怎样？谁能想象没有这些创新的生活？我们不必去追溯印刷术的发明，我们只需要回顾一下60年来的技术创新，谁能否认它们给我们带来的生活上的舒适、健康上的保障、信息获取上的便利以及与亲朋好友更密切的交流？没有手机、银行卡、全球定位系统、扫描仪，甚至没有电视遥控器，我们现在的生活会怎样？未来在向我们招手，它的丰富多彩将是我们迄今为止的经历所无法比拟的。既然我们无法回到过去，那为什么要拒绝一个充满希望的未来呢？

目前，众多的变化会令一些人担忧。但应该记得，我们已经有过日常生活因技术创新被打乱的经历，我们都很好地适应了。

让我们回到60年前。我并不是随意选取60年前这个时间点的。设想一个出生在1955年的孩子，他正赶上了从工业社会向服务型社会转化的浪潮。

在这个孩子10岁那年，戈登·摩尔（Gordon Moore）提出了以他名字命名的摩尔定律，美国数字设备公司（Digital Equipment Corporation）推出了第一台小型电脑。也是在这一年，BASIC 语言诞生了。

在他 20 岁那年，比尔·盖茨（Bill Gates）和保罗·艾伦（Paul Allen）创建了微软（Microsoft）公司。而在法国，法国广播协会（l'ORTF）被取代，比克（BIC）公司推出了第一款一次性剃须刀。也是在这一年，协和式飞机进行了首次商业飞行。

在他 30 岁那年，科学家发现了遗传指纹，发明了电子显微镜，微软 Windows 1.0 上市。一个新的电脑显示标准问世：增强图形适配器（EGA）。在 640×350 像素的高分辨率模式下它使屏幕可以显示 16 种颜色。截至这一年，法国巴黎和里昂之间的高速列车（TGV）达到每小时 300 千米的速度已有 5 年多的时间。也是在这一年，极少数的雇员开始收发电子邮件。

在他 40 岁的时候，雅虎（Yahoo!）诞生了。搜索引擎 Altavista 可以检索不少于 1 500 万个网页。法国信息业团体（CIGREF）启动工作组为应对 2000 年的“千年虫”危机做准备。也是在这一年，Windows 95 问世。

在他 50 岁的时候，他第一次听说 Web 2.0 这个术语。他在电视机前见证了空客 A380 的首航。在法国，面部移植术首次取得成功。

现在再让我们来看一看这个孩子的母亲这一代人是怎样生活的。在 1955 年，这位准妈妈在她的黑白电视机前度过了孕期的最后几个月。那时候，彩色电视机还很罕见，还是某些特权阶级专属的物品。她还必须起身走到电视机前旋转按钮来转换频道，因为那时还没有遥控器。她很喜欢电视这个媒体。但在她父母家，这个有图像的盒子还引起了不小的争议：电视会不会打乱家庭生活的平衡？真有意思，这使她想起了曾在书中读到的情节：在电影产生初期，观众们想象着在屏幕上看到的奔驰的火车会闯入演播厅并从他们身上碾过时，会产生不安和骚动。

这个家庭主妇最近在电视上看到了一些非常有趣的东西：有一则关于医学进步的报道称，今后一种名为“心脏起搏器”的机器可以使心脏机能有缺陷的人继续存活。如果有人对她的祖父说有这样一种机器，他一定会说这是巫术。而且，她更无法想象起搏器会变得越来越小；如今，起搏器已经小到足以使它的安装相对简单，并可以进行远程调节。不管怎么说，这都是一个非常有意思的节目。可惜她家没有一台可以将电视节目录制下来以便以后再看的录影机——那时这种机器还是非常昂贵的。她自问：如果有一天录影机被推广普及，那电影院还有什么未来呢？

同样是在电视机前，这个小男孩看到了肯尼迪总统在 1962 年宣布要将人类送上月球的计划。他还不太明白这个计划，但他却热衷于在电视屏幕上看到的火箭和飞机。上了年纪的人对此则持怀疑态度：巴黎到纽约从 1957 年才开始有直航航班，而且航程需要 14 个小时；而月球那么远…… 也许人类能够在月球上有所发现，那会是什么发现呢？正如我们已经知道的，地球是圆的，但这个结论也不是从一开始就这么显而易见的。那为什么不试一试呢？

这个孩子不断成长。他见证了许多新技术的诞生，也看到了社会翻天覆地的转变。他对某些变化欣然接受，对另一些变化却漠不关心。但他知道他的生活比起他父辈的要好得多。他父辈这代人如今 60 岁上下了。在法国，他们正处于政治、经济权力的巅峰。无论在爱丽舍宫还是在法国 CAC40 指数的董事会都能看到他们的身影，尽管我认为我们的国家不该对很少能有年轻人获得这个级别位置的事实感到骄傲。由此可见，此时正是父辈这代人为使社会、企业及后代得到更好的发展前景做出抉择的时候了。

当这个孩子长大，在社会和工作中占有一席之地时，世界正处在一个转折点上。20 世纪初建立起来的工业世界开始了深刻的变迁。媒体不断发展，电脑开始在企业中得到推广。此时距法国的公共信息网络终端（Minitel）的产生还有几年。人们谈论的还不是数字化，而是信息处理。人们更感兴趣的是技术能为我们带来什么，而不是技术会使哪些新应用成为可能。因此，他的前辈们的经历证明了：他应该肩负起使企业进入新时代的重任。现在，他应该为后代人拥有能够迎接未来挑战的企业做出前瞻性的准备。现在是他见证的时候了，他会记得自己曾是迎接新时代到来的先驱。

在他的青年时代，还没有游戏机和随身听这些产品。他是在成年后才接触到这些新玩意儿的。如果他对技术感兴趣，那他就会买零件回来试着组装一些初步的设备。即使他组装的设备不能震惊世界，甚至不能使他的日常生活产生些许变化，至少他可能会由此觉醒并认识到“这可能行得通”。这会影响他今后的职业规划吗？信息产业的市场在萎缩，父母不会建议他进入这个出路不多的行业。IBM 的总裁小托马斯·沃森（Thomas Watson junior）在 1943 年曾断言：“世界市场对计算机的需求量大约只有 5 部。”在差不多 25 年后的 1977 年，美国数字设备公司①总裁肯·奥尔森（Ken Olsen）也阐述了类似的观点：“我们没有理由认为人们会需要家用电脑。”他们说的有道理。

如果这个年轻的学生继续走信息技术这条路，他可能会被局限于一个利基市场；但如果权威性的意见是错误的，他将会为世界的改变做出贡献。如果他选择了走另一条从业之路，那么他就会远远地看着一个行业的诞生却无法了解其来龙去脉。

在 1969 年，人类终于首次登上了月球。协和式飞机也在这一年进行了首航。而在此 10 年前，没有人会去为这两个疯狂的想法打赌。那为什么如今我们不给信息技术产业足够的信心呢？斯坦利·库布里克（Stanley Kubrick）在 1968 年将阿瑟·克拉克（Arthur C. Clarke）的书《2001：太空漫游》

① 美国数字设备公司是那个时代信息技术市场的开拓者。

（*2001：A Space Odyssey*）搬上了银幕。我们这位少年被电影中征服太空的科幻情景所吸引，但那似乎远不及他对哈儿（HAL）这个机器人的痴迷。哈儿这个几乎具有人类智慧的机器人使人着迷、担忧和怀疑。着迷，因为我们梦想着研发出一种人工智能以辅助人类；担忧，因为这使人害怕；怀疑，因为从没有一个机器能如此强大，它从虚构的电影中来到了现实。这个少年要到他四十多岁的时候才能看到 IBM 的深蓝（Deep Blue）电脑在 1997 年是如何战胜国际象棋冠军加里·卡斯帕罗夫（Gary Kasparov）的。又一个幻想在当今成为了现实。

在他 52 岁时，他的智能手机比起将阿姆斯特朗（Armstrong）送上月球的阿波罗（Apollo）号飞船的计算机处理能力要强大无数倍。

在他 55 岁时，IBM 宣布了开发人工智能系统沃森（Watson）的计划。这个系统将深蓝电脑划入史前机器之列。

这个孩子和他的母亲对这些年使他们生活质量不断提高、生活环境不断改善的技术有过懊恼和后悔吗？一丝一毫都没有。他们想知道为什么后代人会对可能到来的变化如此害怕。

生活教会了他一件事：不要害怕。无论我们愿不愿意，世界都会不断前进。最好还是睁开眼睛，拥抱新事物，而不是拒绝它们并自我封闭。

他在职业生涯中所见到的那些处于巅峰的企业如今在哪呢?

有多少企业因为盲目应对它们面临的变化，没有真正提出质疑、寻求解决问题的根本方法，而最终销声匿迹了呢?

《财富》500 强在50 年中对企业寿命的预期从 75 年下降到 15 年。如果像苹果公司、微软公司那样知道要不断自我更新，那么会有多少在 20 世纪 70 年代闪闪发光的企业可以生存到现在呢? 雅达利公司（Atari)、康懋达国际（Commodore）等曾经辉煌过的企业现在会变成什么样子呢? 如今，如果企业不能不断自我质疑、自我重审，那么在庆祝成立 30 周年的时候仍是行业翘楚的就少之又少了。在 2000 年的时候，谁又知道谷歌呢?

这不仅仅是经济问题，也是企业选择的问题。

通过引言部分，我想阐明的是：我们没有任何理由惧怕迄今为止发生在我们周围的事。只要我们努力去了解所发生的事情，拒绝停滞不前，并不断对自身做出调整去适应变化，我们就没有任何理由害怕。

即将来临的这场革命不是技术性的，或者说不只是技术性的。技术框架已经确立，虽然它还需要不断完善，重大革新会接踵而来，但我们已经有了构建未来几十年生活方式的基础。这才是真正意义上的“生活”，因为它超越了生产力和信息交流。我们大家都是数字人。我们会看到我们已经被赋予了超能力。我们会遇到的最坏的情况是拒绝使用这种超能力来构建未来并生活在其中。

实际上，所有人都已经被数字化了。无论我们是否愿意，也无论我们是否已经意识到，我们都已带有数字化转型的“基因”，只是不同的个体程度有所不同而已。没有人能假装在反数字化庇荫下生活，也没有人能对摆在我们面前的现实视而不见、置身其外。

个体的数字化：我们的形象、身份和信誉都可以在谷歌上查到。在这种情况下，我们在互联网上的身份、信誉就容易被陌生人掌控。

互动中的数字化：社交网络及更早的通信工具彻底改变了我们与他人联系和互动的方式。别告诉我只有年轻人才用这些。目前，常使用脸书（Facebook）进行信息交流的是50多岁的人群。而此时，年轻人已经离开这个阵地，到别处去开疆拓土了。

作为消费者的数字化：即使在实体店里，人们还是会用自己的智能手机来查询某种商品的信息、比较商品价格。在2003年的时候，只有不重要也不贵的商品才会在互联网上出售，而在网上出售火车票似乎是件遥不可及的事。而今天，即使是汽车也能在互联网上出售，正如我们看到的宝马i3在网上销售的实例。

品牌认知消费者方式的数字化：在数据革命之时，我们自己也变成了数据。人口统计数据、行为数据、消费习惯、购买意图等，所有这些能表征我们特征的参数都被研究并以数据的形式被处理。而这种研究和处理可以使品牌与消费者的关系更加个性化并变得人性化。

活动及健康的数字化：智能手表和智能手环可以通过测量获取相关数据，从而帮助我们进一步改善生活方式。体重秤随时跟踪我们形体的变化，供我们参考。我们可以通过对饮食和运动的监测，与医生随时分享我们从体重到血压的各项指标。

消费的数字化：在 30 年间，我们见证了激光唱片（CD）的诞生和消亡；数字多功能影音光盘（DVD）还未成年就退出历史舞台；纸质书也已经日暮途穷。今后，一切都将以数字化的形式出现。这使得使用者与使用内容之间的新互动成为可能，并可以通过使用内容形成使用者之间的互动。

我们未来生活（对某些人来讲，这种生活已经开始了）的支柱不是电脑、网络或印制电路板，而是它们的应用。这将是一个更为广阔的领域，在促进技术发展的同时将重振人类学、社会学及行为学的发展。下面，让我们来看一看四大支柱：

• 数据分析：可以让我们在数字世界里更好地了解和分析、做出适当的决策、预测并改善生活体验。

• 移动：数字化存在于我们生活中的时时处处，而不再等同于我们只能在特定地点使用的一台电脑。计算机最初问世的时候，体积大到需要占用几个房间。随着技术的发展，它的体积逐步缩小：它先是可以安置在客厅里，而后出现笔记本电脑，现在又被应用在手机里，今后将可能被安装在手表、服装甚至是身体里。

• 社交：这里所讲的“社交”不是这个词的法语含义，而是它的英语含义——“大家一起做的”“和别人一起做的”。因为没有群体的计划和活动，网络就没有任何意义。群体的智慧、反应能力以及共同分享已经超越了时间和空间概念，并开始改变我们的社会。

• 云计算：信息技术将由无处不在变为无形。将基础架构云化使我们可以随时随地获取我们想要的数据和服务。特别值得一提的是，云化的基础架构会根据用户的需求进行持续调整。这使得用户不需要操心其具体的运行方式。用户只是使用，并不对其进行管理。

每个支柱都有其范畴，但要将它们完全分开是不切实际的。数字应用革命不是云计算、移动、社交或数据分析的某一方面，而是这些因素共同作用才产生的。因为在某个特定的时刻这四大支柱的趋同而产生了新的机遇，我们的世界才得以改变。

因此，单纯基于某一个支柱的作用而形成的数字化技术方法是无用的。相反，最好的方法是以我们日常生活的点点滴滴作为出发点来理解云计算、数据分析、移动和社交是如何趋同并改变世界的。

因此，在以后的章节中，我不会和你谈论技术，因为在数字革命中它只是一个配角。我会通过截取关键的时间点和你探讨我们自己的生活。但这并不是对我们未来的展望，因为这是我们的现实生活，只是每天都会有一些新变化。

第一章

数字人将如何利用即将实现的新服务使自己生活得更好、更健康、更长久？在这个预防将取代治疗的社会中，这是我们提出的第一个问题。

第二章

活动和出行的概念正在发生根本性的改变。为游客服务的概念将被革新。因此，客运行业应从深层重塑自我。协作经济、“流动即服务”、新主体的加入以及新的运输方式的产生将深深改变这个行业的面貌。

第三章

“大而全”的经济时代将成为过去。数字化将使我们拥有不同的消费观念和消费方式——不需要更多的，但要更好的。它会将个体消费者和社会决策团体同时置于商业模式的中心。

第四章

为客户量身定制的体验将使娱乐休闲界和媒界发生革命性的变化。个性化将取代大众普及，个体将成为项目的中心而不是项目对象。

第五章

在所有模式全部被打乱的世界中，我们不能以 1990 年的工作方式来思考和推出 2015 年的产品和服务。无论从商业模式的演变、社会团体的新期待来看，还是从管理层对数字世界的适应来看，数字企业都与 20 世纪下半叶后工业时代的企业已经没有什么关系了。没有及时对数字化做出反应的企业将会被市场及它的合作伙伴所抛弃。

第六章

新型员工需要新型的创业者。数字化员工会在一定程度上，甚至很大程度上成为创业者。未来的创业者会拥有能深刻改变创新和管理企业运营活动的方式方法和生态圈。

第七章

学习和培训成为社会数字化转型的核心。这是因为在数字世界，我们将以一种更聪明的方式进行学习，而且我们必须要对那些面临社会快速转变的年轻人以及那些不再年轻的人进行培训。学习机制应该适应世界变化的规模和速度，并在我们的生活中占据重要的位置。

第八章

我们的城市生活，无论从个体角度还是集体角度来看，都将随着“智能城市”的出现产生深刻的变化。新的服务、新的生活方式以及市民与公共服务之间的新型关系都将提上日程。

第九章

社会和个人生活的数字化以及越来越智能的机器的出现，都将更多人文主义的问题摆在我们面前：目前人类处于什么状态？未来的人类会怎样？在这一章中，我们将对人类的未来、我们能给后人留下什么以及数字人在离世后的延续性等问题进行探讨。

现在，我想通过这本书向你介绍的全部内容都已呈现在你的眼前。在这里，我将以一段对我们的未来更具前瞻性的话来结束引言。因为这个未来比我们想象中要来得更快。

引　言

尼古拉斯·尼葛洛庞帝（Nicholas Negroponte）[1] 曾说过："计算与计算机无关，与生活有关。"[2] 如果想让数字革命造福所有人，我们就要了解它，以肩负起建设未来世界的重任。在这个世界中，人们会享受数字革命带给我们的改变，而不是去忍受它。

最后再说一点，正如史蒂夫·乔布斯（Steve Jobs）的那句经典名言——"还有件事儿"：1955 年，世界各地有几百万个孩子出生。如果我们上面提到的那个孩子出生在加利福尼亚州，就有可能是在旧金山；他如果碰巧出生在 2 月 24 日，可能就是史蒂夫·乔布斯。这应该使我们意识到两件事情：

首先，数字化转型不关乎年龄或是某代人。当史蒂夫·乔布斯重返苹果公司的时候，他已经是一个年近 40 岁的中年人。但这并没有使他停下进行数字工具及应用创新的脚步。这些创新改变了我们的生活，并为以后许多技术产品的开发开辟了道路、创造了可能性。史蒂夫·乔布斯大大加快了数字化转型的进程。这时他已经 50 岁了。我们在后面的章节中会讲到这些。

---

① 麻省理工学院媒体实验室的创始人。

② "Computing is not about computers anymore. It' s about living."

其次，数字化转型不是“别人”的事情。与史蒂夫·乔布斯一样，在20世纪70年代，许多年轻人看到了信息技术的威力。他们中有些人选择了其他的道路，因此完全错过了信息技术、网络这趟列车，他们如今处于自我封闭的状态；有些人以常规的方式登上了这趟列车，他们虽然只是追随者，但还是为世界的改变做出了贡献；最后还有些人，他们与史蒂夫·乔布斯一样，决定要改变这个世界。无论我们是哪种人，也无论我们的年龄、职业、社会地位如何，我们扮演的角色都是由我们自己决定的。在数字领域里，除了渴望和激情，不存在任何其他入门门槛。我们不需要有像法国国立行政学院（ENA）这样的顶级高等学府的学历，也不需要考取数字博士学位。除了不愿尝试的风险以外，我们再没有其他的风险，因为那些不愿尝试的人无论如何都是失败者。

第一章　从治疗到预防：舒适安逸的健康模式

“预防好过治疗”

像你我这样的数字人要重拾祖先留下来的这句谚语，因为如今终于有了将它付诸实践的方法。今天，谷歌已经可以根据用户的查询信息以及他们所处的位置来预测流行病及重大疾病的风险。通常情况下，互联网和社交网站成了这些数据的来源。这使我们可以实时对风险进行监测。至于我们每个人，可以将自己的健康数据与数以亿计的健康数据进行对比，这足以使我们就自身情况检测到可能存在的风险。智能设备及可穿戴技术（具有先进的电子信息元件的服装或附件等）的飞速发展会使实时获取、处理及分享的数据持续快速增长。这使我们能更好地了解自己，并帮助我们预测可能影响健康的因素。

预防是好方法，但接下来我们会遇到这样一些问题：预防什么？何时预防？怎样预防？从很小的时候——甚至在出生之前，直到离开这个世界，我们一直面临着各种各样的风险。那我们应该预防所有可能面临的风险吗？这是不可能的。如果每个人都要预防所有的风险，那我们就无法正常生活。如果我们要在生活中尽一切可能不被流感传染、不摔断腿、避免肝病发作，那么，从生物学角度看，我们活着，但从人道角度来看，这不是生活。我们会失去在生命中所追寻的，而这正是生命的本质，生命即各种体验。

对于疾病以及影响健康的各种因素，我们每个人的反应是不一样的。有些人会比其他人更脆弱。有的人从来不生病，而有一些人则很容易感染上各种各样的病毒。我们知道，有些人会因家族病史对某些疾病更敏感。如果想要有效预防疾病，就要考虑到所有可能存在的风险并为所有人制定统一的标准。如果我们要求所有人的日常行为都遵守糖尿病、肾功能不全或骨质疏松症患者应该注意的事项，肯定会在最大程度上减少患这些病的风险。但绝大多数人是不会遵守这些要求的，因为这些统一的标准并不符合他们的具体情况。显而易见，如果人们觉得预防策略只是千篇一律地禁止他们做某些事而没有考虑他们自身的具体情况，那么预防策略对这样的人群是不会有效果的。

“预防”这个词对数字人来说有完全不同的含义。它不再是给所有人的禁令，而是给每个人的建议。而且，这个建议会根据每个个体的具体情况、他所处环境及生活方式变化而不断调整。这是一个量身定制的建议，每个人都能从中看到自己的影子。每个人都会获得独特的预防措施的建议，并不是因为天冷了流感开始蔓延或吃某些东西可能引起过敏等共性原因，而是因为我就是我。根据我的病史、我自身的特点、我的家族遗传病史以及我对某些事物是否有抵抗力，我被建议避免进行某些活动或改变一些饮食习惯，其余的可以照常进行；而另一些人得到的建议可能正好与我的相反。

更全面地了解自己才能更好地保持健康

数字健康将由一个众所周知的谚语开始——“了解你自

己”。当然，这个谚语现今被赋予了新的意义。如果我们不能很好地了解自己，预防就无从谈起。如今，我们拥有了解自我所需要的方法。从医学的角度来看，这些方法所达到的精度和深度是前所未有的。

当智能体重秤问世的时候，也许你只是报以一笑。的确，智能体重秤与我们一直使用的老式非智能体重秤一样，也只是测量体重而已。那么，它的价值是什么呢？通过与电脑或智能手机共享数据，智能体重秤可以帮你更好地监测体重变化，这省去了你自己每次拿纸笔记录的烦琐工作。这看起来似乎微不足道，但实际上，拿纸笔记录这种令人厌烦的体验可能使你对体重的跟踪不那么严格。现在，新型智能体重秤还可以测量身体质量指数（Body Mass Index）或脉搏。这些参数能帮助你更好地监测身体状况。因此，智能体重秤给生活带来的益处是显而易见的：我们可以看到自己努力的成果并确定哪些方法是行得通的、哪些因素有较大的影响，这样就可以制定出一个根据自身具体情况逐步减轻或增加体重的计划，最终达到预防心血管疾病的目的。

智能手机或手表也能测量你的血压、记录你走过或跑过的路线和距离，并对其进行分析。这项技术也可以用于改善某些残障人士的日常生活。譬如，诺华（Novartis）公司和谷歌目前正在研制一种智能隐形眼镜。这种隐形眼镜将使糖尿病患者实时获知自己的血糖状况，从而使验血成为遥远的记忆。

知识来源倍增

收集与你相关的大量数据并对它们进行跟踪，甚至将它们关联起来以了解各种因素之间的相互影响，这在以前是不可能做到的。我们在特定时间点的健康和体型状况是众多变量复杂作用的结果。我们现在拥有的设备可以根据特定的目标找到影响力最大的变量。对于某个特定的人来说，应该跑步锻炼、注意饮食（什么食物是有利于健康的）吗？现在，我们可以从众多因素中辨别出哪个具有即刻、重大的影响。当然，这是因人而异的。总之，这为我们制定出真正适合自己、切实可行的目标并付诸行动提供了一种简单的方法。

然而，如果我们不知道在自己身上可能会发生什么，如果某些指标出现偏差，如果我们坚持某种行为而不愿做出改变，数字化产生的效用可能就不那么理想。但是，众所周知，没有普遍意义上的真理，我们每个人都是唯一的。我们的个人数据是唯一的，我们可以将我们的个人数据与使用同一服务的数百万人的数据相关联。这样，在全世界，即使只有几十人或几百人与你有类似的情况，我们也可以总结相似之处，得出结论：对于99%的人来说，这样的结果是无须担心的；但是你属于那1%的人，鉴于你自身的某些特征，你有必要敲响警钟。

这正是纽约纪念斯隆-凯特林癌症中心（Memorial Sloan-Kettering Cancer Center）所采取的原则。该中心使用IBM的人工智能系统沃森来管理癌症患者的治疗记录。每位患者都是唯一的，他们对药物相互作用的反应都是不同的，不是每个人都能承受某种治疗所产生的副作用。没有一位医生能悉知以前每一个病例的具体治疗情况并了解所有相关研究及药物相互作用方面的文献，因此医生无法根据每位患者的具体情况给他们提出最佳的治疗方案。但是，沃森能做到。沃森可以帮助医生根据疾病的性质、患者的特点及患者的耐受能力来确立最佳的治疗方案。这样，在几种可行的治疗方案中，医生就可以知道对于某个具体情况哪个方案是最有效的、对于某个特定的患者哪个方案是最适合的。患者也因此真正获益。如果你很幸运可以在巴黎或纽约的著名医院就医，将有众多医术高明的医生为你治疗。他们可以确保罕见的病例得到正确的诊断，因为他们中的某些人可能遇到过类似的情况；如果没有遇到过，已经处理过类似病例的同行会与他们分享经验。如果你住在蒙大拿或是克勒兹省这样的偏僻地区呢？通过人工智能系统沃森，你的医生可以获得全国乃至全世界所有医生的全部治疗经验，同时参考接受过治疗的癌症患者的病例。

日常跟踪

我们能通过自己的脱氧核糖核酸（DNA）获取更精确的数据吗？为什么不呢。现在，只要付几百美元，就能知道自己的 DNA 序列。这样的提议和做法也许不符合所有人的观念，但它却是一个无法否认的事实。现在，越来越多的人购买这项服务。英国的一家创业公司牛津纳米孔公司（Oxford Nanopore Technologies）甚至开发出一种体积不大于优盘、价格不到 1 000 欧元的测序仪。有了这种测序仪就不需要再抽血测试了。

这种测序仪是利用 DNA 片段、通过我们的皮肤传导的电流来工作的。

如果这对你来说显得很遥远，那让我们来看看下面的实例。2014 年年底，IBM 公司宣布投资路径基因公司（Pathway Genomics）。路径基因公司是一家致力于基因检测并分析健康风险的创业公司。它与人工智能系统沃森同心协力寻求解决方案。其应用程序能为每个人提供一个可以安装在手机里的私人助理，随时解答我们提出的问题。例如：今天我该吃些什么？我做的运动适量还是过量？我还能再喝一杯咖啡吗？这个应用程序提供的答案是根据个人 DNA、个人医疗数据以及通过各种设备收集的与数百万（未来可能会达到无限）其他人的卷宗相关联的数据而得出的结论。

这项技术对于职业体育运动领域来说也很有用。从 2000 年初开始，AC 米兰足球俱乐部采用了一个预测系统，以便根据球员们的形体、踢球的风格和所付出的努力来分析预测球员受伤的风险。据此，俱乐部可以相应地调整训练安排，甚至让某个球员休息。今天，随着技术的发展，我们可以在这个领域做出更多的尝试。最近几个月，预测分析开始在橄榄球界兴起。预测分析能够对训练和球员的动作进行实时跟踪，能将某个球员的医疗档案与越来越多的数据进行比较，以预测他可能受到伤痛困扰的性质及概率。正是基于上述体验，许多橄榄球俱乐部——比如澳大利亚的特洛皮队（Waratahs）以及各国的国家橄榄球联合会——开始与 IBM 合作。毋庸置疑，将来每个人的手机都会拥有同样的预测分析功能。

健康领域正在掀起一场革命

我们只有更全面地了解自己以及自身可能面临的风险，才能更好地获得健康。数字化将不仅为患者，而且为整个健康领域以及相关产业带来一场革命。

我们已经看到了数字化带来的第一个变化：保健产业的飞速发展。随着人们对自身了解程度的不断提高以及对自身状况的实时跟踪，每个人都可以根据自己的需求来设定目标。这个需求可能来自风险防范方面，也可能来自生活体验的提升。保健产业通过如下两种形式作用于我们的日常生活。其一是以自然人的形式，譬如由私人教练帮助我们采用正确的方式达到目标。其二是数字化形式。我们会问：与我情况相似的人是怎样成功达到这个目标的？怎样做行得通？怎样做行不通？通过对数亿名使用者在健康及保健方面各种行为所产生的实际影响的分析，智能代理会通过手机、手表等给我们提出最适合的建议。对于我们提出的各种各样的问题，智能代理都能提供实时建议，比如：我是否该运动一下？下一餐该吃些什么？我是否需要接种预防某种疾病的疫苗？等等。因为智能代理可以获知你的议程，并知道你在三个月后会去一个亚热带国家度假。当然，如果智能代理检测到脑中风或感染等迫在眉睫的风险，它会立即提醒你。它甚至会在你没有采取必要措施的情况下自动与救护人员联系。一般来讲，你的生活体验在你真正注意到之前已经根据你的特点以及期望进行了优化。简言之，数字时代的健康就是结合了经验的预防。

医疗事故将不复存在

医生的角色将会有很大转变。医生的前期工作压力将逐步减轻，这样他们可以更专注于繁重的手术。同样，医生可以利用患者的全部数字信息来提高诊断质量。2009 年发生在让-米歇尔·比约（Jean-Michel Billaut）身上的悲剧在数字化健康时代再也不会重演。

让-米歇尔·比约，法国互联网产业的中坚力量，哲翰管理咨询（l'Atelier BNP Paribas）创始人，目前已退休。在 2009 年 6 月，他的动脉瘤破裂。如果他在两小时内接受手术，情况能得到很好的控制。但遗憾的是，七个小时后他才被送上手术台。尽管在他病发时，他的儿子——一位骨科医生——在第一时间对他进行了诊断，但紧急医疗救援中心并没有出动救护车。比约先生被就近送到一家医院，这家医院得出了和他儿子相同的诊断结论。又过了一个小时，才有一辆救护车将比约先生转到了另一家医院，而这家医院里没有任何一位医生被提前通知要准备抢救他。即便法律判定这是一起医疗事故，也无法使比约先生被截肢的腿回到原位。可想而知，一起医疗事故对于患者来说无论是在生命健康方面还是在经济方面都会造成严重的后果。并且，医疗系统接下来要承担事故所造成的一切后果，如截肢、各种设备、附属装置及护理等，这也将产生巨额费用。

虽然这方面的统计分析很少，但伤害事故受害者援助协会估算，法国每年发生大约 45 万起医疗事故，导致约 3 万人死亡。世界卫生组织引用了这些数字。在 2015 年，即使医疗事故仅占医疗行为的 1%，也是无法让人接受的。这样的医务工作该结束了。

视频会议系统——比如 Skype——可以从一开始就细化完善诊断。如今，数字化可以更好地实现服务部门之间的协作，这种协作可以避免让患者等待七个小时才能开始手术。将来，让-米歇尔·比约的智能手表或者某个与他手机相连的装置就可以实时将他的生命体征发送给健康服务部门，这样医护人员就可以即刻远程对比约先生的病情做出正确的诊断。这个装置还会在危机出现的那一刻就自动通知急救部门。它甚至可以很早就预测出基于患者自身特定情况而存在的某种风险并及时通知患者；它会进一步对患者提出建议，以使患者采取一些有利于规避风险的措施。

治疗质量会更好

随着技术的不断发展，在不久的将来，义肢很可能由医院里的 3D 打印机制造出来，甚至有可能由患者在自己家中制造。这使小部件的制造更容易，而且有利于患者对部件的适应，快捷并降低了成本。这并不是一个理想化的遥远未来，因为有些设想已经实现了。

法国人尼古拉斯·于歇（Nicolas Huchet），手臂截肢，在 2013 年给自己制造了义肢，以便能享有某些先进的功能。社会保障局提供的可报销的义肢没有这些先进的功能，而具备先进功能的最先进型号的义肢是不属于报销范围的。通过使用开放源代码分享的草图，他以一只机器人的手为雏形，并根据他自己的需要进行了改进，然后用了一夜的时间通过 3D 打印制造出了义肢。当今，这样制造出来的义肢还达不到高端水平，但它的优点在于能使更多人以更低廉的成本获得优于普通产品的义肢。2014 年 3 月，荷兰的一家医院在最理想的条件下实现了用有机玻璃制作头骨假体，耗时 23 小时。这样制造出来的假体能充分满足患者的需要。当然，目前在实际操作中还远远达不到这样的条件。而按照通常的做法，在手术室用一种骨水泥制作的假体永远不能精确覆盖需要封闭的空间。

PrinterInks① 公司正致力于对人体组织进行 3D 打印的设计和实践。它的目标是：根据用户需要，以培养的干细胞为基础并将其转化为“生物油墨”，以“打印出”耳朵、肝脏或血管等人体器官。这并不是尚未实现的理想，在 2013 年，中国的一所大学已成功“打印”出一个肾脏。

如果在重大的外科手术方面实现重要革新，医院自身的功能就会随之演变。医院将只是为患者进行治疗的地方；基于我们上面所讲到的技术创新，术后对患者的护理和跟踪将可以在患者家里进行。那为什么不使用机器人护士呢？在日本，为了缓解医护人员不足带来的压力，机器人护士已经开始在医院里工作了。由此，我们可以想象有一天机器人护士会进入我们的家庭，这其实只有一步之遥。机器人护士能对患者的情况进行记录、对其进行悉心的护理，甚至照料患者的日常卫生——譬如为患者洗头等。这既可以满足患者渴望在熟悉的地方度过恢复期的心理，又可以降低医疗健康系统成本、解决医护人员不足的现实问题。而且，机器人不需要睡觉，它的警惕性永远不会降低。机器人还可以通过与智能代理、医生以及其他机器人

① PrinterInks 是英国乃至欧洲增长最快的墨水和碳粉分销商之一。——译者注

分享它所获得的信息，识别最微弱的危险信号并预防某些事故的发生。

但我们不是要将医务工作非人性化，那与我们所追求的是背道而驰的。相反，这种数字医学能通过将繁重的、自动化的工作交给机器来确保医生和护士有更多的时间照顾患者。正因如此，医疗团队才能给予患者更多的时间和关注，才能在不忽视其他病例的情况下全身心投入危重病例的治疗。

同样，技术也可以帮助患者，使他们的生活更加人性化。在美国，患者参与谈话小组并在其中向其他病人讲述和分享自己的患病经历通常是治疗的组成部分。在其他国家，特别是在法国，人们常常觉得患病是不光彩的，因此不敢去谈论它。如果医生可以从分享实践经验和手术记录中获益，那么患者也可以从分享患病经历中受益。因为这使他们在面对疾病时不再感到孤单，他们可以相互了解、相互支持。现在，在某些国家，患者社群开始建立并逐步成为一种普遍现象。

我的一位密友给我讲述了他的两位癌症患者朋友的经历。其中一位在脸书上记录他患病的经历并与朋友们分享他从中学到的东西。移居外国后，他独自面对疾病。在他脸书上的每条信息下面，都有来自世界各地的朋友留下的数百条鼓励他的评论和点赞，这给了他继续与病魔做斗争的力量和意志。另一位朋友则开了博客来讲述他的患病经历。起初，他是“要找一个释放能量的地方”。后来，他渐渐了解了他所患的疾病，并开始与人分享他的经历。他患有一种极其罕见的癌症，随着他在博客上的分享，他遇到了越来越多和他患同样疾病的人。他们不再感到孤独，不再觉得要躲起来。相反，大家相互鼓励，一起面对疾病，抗争到底。数字化并不是一种药物，但它能使人在困难的时刻振作精神。当传统的社群开始排斥你的时候，数字化将使你能在一个新的社群中找到自己的位置。

医疗保险状况

医疗保险是健康领域中最后一个受到剧烈震荡的部门。我们前面讲到的所有实践和技术都意味着一件事：个性化将成为推进健康保障系统发展的重要因素，要根据个体所面临的实际风险来制定保费。保费的制定不再以年龄、性别、职业为基础，而是由这个人是曼努埃尔·迪亚斯还是让·杜邦来决定。

因此，这些年来在我们的医疗保险体系中占优势的互助原则将被完全摧毁。

首先，让我们来看看有利的方面：通过对每个个体的更进一步了解，保险人可以提出相应的建议并提供个性化的预防性服务。无论他们的动机是什么，他们都会像我们自己一样对我们的健康关心备至。

也许会有不利的方面：我们很容易会想到，这种每个人根据自身面临的实际风险支付保费的医疗保险体系可能会处于一种失控的状态。我在后面会重新讲到这一点。

在这里，我想强调一点：我在前面讲到的不是未来的景象，所有这一切都是眼前的现实。今天技术传播的速度、技术成本下降的速度，在未来将成为日常状态。

可穿戴技术将在未来盛行。智能服装、手表、鞋子将成为我们前面勾勒出的转型过程的组成部分。当然，我们已经开始接触到这样的产品，特别是智能手表、手链以及跑鞋等。但这仅仅是个开始。如今，智能眼镜——谷歌眼镜——已经问世，我们刚刚开始了解它的用途。通过与电脑连接，谷歌眼镜可以为视力受损或有眼疾的人进行实时的图像处理。它可以根据用户所患的疾病以及他们自身的需求，通过颜色的深浅转换等使用户获得对周围环境的清晰视野。这个产品对于视力衰退的老年人以及那些几乎丧失了视力的年轻人都是一项重要的技术进步。

今后，可穿戴技术将不仅可以获取并分析我们的生命体征，而且会适应我们周围的环境。智能纤维将可以根据环境温度对服装的温度进行调节。第一批智能纺织品是在2000年左右出现的，现在这种纺织品已开始向大众市场进军。它将给纺织业带来的大革命距我们只有一步之遥。这种纺织品的特性是它能对收到的信号做出反应。它可以根据环境温度的变化进行调节，变换颜色并使皮肤的代谢加快或减弱，甚至可以散发出热量。智能纺织品的这种特性为我们带来了多种可能性。

在不久的将来，可穿戴技术将不只是体现在我们穿戴的物品上，而可能还体现在从我们一出生就植入体内的生物组件上：它们具有前面提到的接收功能，也可以通过预防的方式或在治疗的过程中改变人体的运行。谷歌已经开启了一个将纳米粒子注入血液的项目，这项技术试图将我们机体的各项信息发送到智能手表上。据专家介绍，将这项技术真正推向大众大约需要 10 年的时间。这将是我们向“超人类主义”[①] 迈出的第一步。

综上所述，数字健康的革命正在进行中。

我们会看到无限的可能性，各种新技术的问世甚至会带来我们还无法想象的各种用途。但是，我们不能因此忽视其中的风险。无论是在企业还是在公共部门、专业领域都有潜在的风险。因此，新技术应该迅速改进运行模式并进一步提升服务水平。当然，更重要的是在数据的保密性、安全等方面存在的风险，以及为获得更好的健康状况和更好的生活体验而付出代价的风险。从某种程度上说，这将是对以各种形式的自由作为基本价值的国家中个人被赋予自由意志的否定。

人们总是非常关心他们的生活体验，他们需要在一定程度上实现自由的选择。因此，数字健康的体验不应该损害人们生活的整体体验。怎样才能找到平衡呢？当然，视而不见并拒绝触及那些不可避免的冲突是不能解决问题的。我们只有不断积

① “超人类主义”是一项国际性的文化智力运动，它支持使用科学技术来增强人的精神、体力、能力和资质 。(维基百科)

累经验、了解并适应数字化大潮，才能制定出最好的防线。否认数字革命的存在，或者认为可以建立起反数字化的庇护所，就像相信切尔诺贝利（Tchernobyl）核辐射云能停在我们的边境线之外一样不现实：一个不切实际的愿望，使人们无法意识到可能面临的风险，因此无法采取任何必要的措施。

数字化的大潮已经到来，而且它只会加速前进。想要征服它，我们就应该拥抱它。时间很紧迫，如果五年后才想到张开双臂来迎接它，那就太迟了。

第二章　旅游和出行

出行有时是必要事项，比如去上班、去购物；有时是种享受，比如去旅游。在未来几年，数字化肯定会改善我们的出行体验，交通将更简便、更顺畅、更舒适。对于数字化带来的这种变化，我们是充满渴望还是被迫接受？

行程的非物质化和简捷化

我们也许已经忘记了近十年间出行所发生的变化。如今，智能手机已经能通过诸如谷歌地图等系统显示出在考虑到实时路况情况下从某地到另一个地点的最佳路径。公共交通实现了同样的发展，譬如在巴黎可以利用城市旅游交通地图查询网（Citymapper）来查询公交车、地铁等交通工具的发车时间、换

乘及到站等信息 。地铁票变成了磁卡通票，也可以使用手机验票进出站。

上周，我用苹果手机买了一张飞机票并预订了旅馆房间。出发的前一天，我用法航的应用软件办理了值机手续，收到了电子登机牌并将它保存在 Passbook 中。我不用再担心忘记将这些单据放在哪里了，因为在安检和登机时，我只要出示存在我手机上的电子单据就可以了。现在，某些航站楼内的门已经实现自动化，只要出示手机内存的登机牌就可以打开通往登机口的门。我预订的酒店信息以及到达酒店的路线图也存在于 Passbook 中，因此我不需要再像以前那样在出发前打印酒店的地图了。在我快到酒店的时候，定位功能开始发挥作用：手机会自动提示我预订的酒店就在附近，手机屏幕上会显示出我的酒店预订单。向酒店前台出示预订单将很快成为历史，因为越来越多的酒店开始使用数字密钥，这种密钥可以保存在手机上。当你到达酒店，你不用再去前台办理入住登记，数字密钥就会自动发送到你的手机里。在这种便捷的方式得以实现之前，我还得去前台办理入住登记。所有表格都显示在柜台的电子屏幕上，接待员根据我提出的要求用一支触控笔在表格里进行改动，然后由我签字。

15 年来，我们取得了多么大的进步！即便在 2001 年，在一家航空公司的网站上购买机票也还是不现实的。当时如果有谁预言出行可以不依赖实体的东西，譬如机票、登机牌，大家肯定觉得他是个疯子。现在，这一切都已成为现实。但变革才刚刚开始！数字化将从根本上改变我们的出行体验。下面，让我们来看看这是如何实现的。

日常生活的革命

在一次简单的出行中，我们会浪费多少时间？在一次公务出差中，我们会浪费多少时间？特别是在交通状况受到很多随机因素影响的大城市里，在我们的日程安排受到众多限制的情况下，我们会浪费多少时间？在大城市里，“早点出发”是“准时到达”的同义词，这使我们不得不缩短处理其他事情的时间。最终，我们可能因为交通状况处于正常状态却过早到达目的地而不得不在那里等待很长时间。而一旦迟到，则常常意味着要缩短我们与客人会面的时间并可能会给客人留下不好的印象。而现在，由于谷歌了解你的日程、交通状况和城市地图，它可以适时给你提醒。在你的电脑上、手机上，将来可能通过智能手表或智能眼镜，谷歌会向你指出：要准时到达下一个约会地点，就要在20分钟后驾车出发，或34分钟后乘地铁出发…… 它还会告诉你乘哪趟地铁或坐哪趟公交车，走哪条路可以去往最近的车站，下车后怎么去约定的地点。这样，我们就可以将精力集中在工作上，在去会见客户、乘火车或飞机时就不会白白浪费时间。当然，谷歌会考虑到交通流量、道路施工、出现事故等情况。

一般来说,影响日常出行的因素有如下几个：

- 可用的时间有限。

- 可用的出行方式太多或者不足（这要根据我们居住在大城市还是中等城市而定）。

- 复杂的环境（在一些城市中它源于选择的复杂性，而在另一些城市中则源于选择的稀缺性）。

- 外部现象的影响（同一时间出行的人、气候、事故、罢工游行等）。

- 出行方式的多样性（走路、骑自行车、坐地铁、乘出租车、由私人司机驾车等不同的出行方式）。

然而，在某一特定的时间会有特定的供给和需求。关键是要根据每个人希望获得的出行体验和他可能受到的限制的具体情况成功地将供给和需求匹配起来。

这正是巴黎城市旅游交通地图查询网要做的。它可以根据你的可用时间、希望采用的交通方式、中转次数及步行的距离等，按你需要到达的准确时间帮助你制定出行的最佳路线。

出租车行业也存在着同样的现象。以前，出租车服务与私人司机服务这两个圈子是并存的：出租车服务的客户群大多是普通人，而私人司机服务的客户群则是那些更有经济实力并知道如何获得这项服务的人。优步（Uber）公司就是在这样的大环境中应运而生的。紧随其后，几家类似的公司相继出现。出租车经常在某些时间段极其短缺，而某些私人司机服务在传统的市场上未得到充分利用，并且有相当一部分客人愿意为得到更好的服务支付更高的费用。正是基于以上原因，优步公司将自身定位于出租车行业的高端市场。它只是为那些以前无法连接的供给和需求提供建立联系的平台。如今，优步的用户可以对有多少可用车辆、它们距离自己多远、需要多长等待时间以及自己将为此次行程付费多少等情况了如指掌。

你可能会说，出租车公司已经向一部分客户提供了这项服务。的确如此，但它们只为会员客户提供这种服务。优步公司使所有人都能通过手机享受这项服务并添加了地理定位功能，正是这点使它所提供的服务真正成为不同于出租车公司服务的一项新服务。

有趣的是，优步公司目前还在继续进行这种将供给与需求进行匹配的模式的开发。新服务模式将可以使从同一地点出发去同一个方向的互不相识的客人分摊行程的费用。优步的平台充分考虑了乘客的需求并将乘客在不同的车辆间进行“分配”。

数字化并没有重塑交通行业，而只是通过使供求之间更加透明来开拓市场、为乘客提供更多选择并实现了服务的创新。优步不是一家交通运输公司，而是一个支持新体验和新商业模式的平台。

在我看来，这只是向包括公共交通工具、出租车、私家车、共享单车、共享汽车在内的系统全面数字化迈出的第一步。这个平台将根据人们在特定时刻自身不同的需求给每个人提供一份选择清单，譬如，为了参加一个紧急会议或者为旅游而出行，会有不同的优先权。而且，这个平台会主动提出建议——别忘了，它了解你的日程和品位。

在我刚刚讲到的这些交通主体中，还应该再加入一个新主体——无人驾驶的智能汽车。它将在 10 年内掀起交通领域的革命。谷歌无人驾驶汽车（Google Car）已经问世并受到了极大的关注，还有很多汽车制造商在观望。在美国加利福尼亚州，除了互联网巨人谷歌外，还有特斯拉（Tesla）汽车公司、梅赛德斯 - 奔驰（Mercedes-Benz）汽车公司、奥迪（Audi）汽车公司和德尔福（Delphi）汽车公司都获得了当局颁发的经营无人驾驶车辆的许可证。无人驾驶智能汽车的大规模发展只是一个时间问题。

将来有一天，我们会发现，围绕私人司机服务和出租车服务展开的争论是毫无意义的。因为它们中的绝大部分将被智能汽车服务所取代，而智能汽车将为我们带来前所未有的出行和交通体验的优化。

定制交通

想象一下，很多智能汽车根据它们所掌握的用户需求和品位会一直停在用户需要它们的地方，其中有为一些人准备的豪华车，也有为另一些人准备的实用小型车。这些智能汽车会根据天气情况、发生的事件、是否为旅游景点等因素来考虑大多数用户的习惯。它们会不断对历史数据进行分析，甚至能在用户发出订单前就靠近用户，以缩短用户等待时间。如果服务系统知道我一般乘地铁赴约，使用优步打车去吃晚餐，那么我会收到提示："曼努埃尔，你要在十分钟后出发去赴下一个约会。地铁一号线发生故障，你不得不绕道而行。"稍后，我又会收到提示："今晚你和朱利安共进晚餐。你需要一辆四门轿车 19 点 45 分去接你吗？根据天气状况和目前的交通情况，你将于 20 点 15 分准时到达。"再晚些，我还会收到提示："曼努埃尔，在你一会儿要经过的街上发生了一起车祸，这使交通状况变得不是很乐观，我建议车子 19 点 20 分去接你。你看怎么样？"

当然，要使用这些服务，只需要建一个账户就可以了。

这是多么令人瞩目的进步啊！等我坐进接我的车里，好戏才真正开始呢！谷歌、亚马逊、苹果等网站都了解我的品位，那为什么不来一个“统一数字服务”呢？我座位前方的一个触摸式屏幕上显示出我最爱看的报纸内容：早上是经济新闻，晚上是我最喜欢的球队利摩日男篮的球赛视频——因为，等我吃完晚饭回到家中，就会错过电视上的直播；或者，播放点音乐，让我最喜欢的作曲家的乐曲飘荡在车厢内令人放松的空气中。

无人驾驶车同样有提供数字新闻服务和地理定位的功能。我们能将数百万的实时数据相关联，对它们进行分析，并在此基础上得出结论、做出决定。也就是说，我们知道如何建立设备的大脑和神经中枢。我们只需要将目前还凌乱的“拼图”一块块拼好，然后进行大规模的工业生产就可以了。未来正在敲我们的门。

这无论是对每个个体还是对一个整体来说，都是一个重大的进展。首先，我们每个人会享有一种更流畅的、更高质量的体验，而且这种体验与我们的期望相符合。市场学专家这样阐明他们职业的未来：不再使用市场细分这个概念，每个客户都是一个特定的市场，要根据客户自身的特点来为他们提供定制服务。

当然，社会整体也会因此受益匪浅。我们要了解个体的先验逻辑在多大程度上影响着整体的方案。了解人类生态系统的运行将有助于公共当局预测和优化人们的日常生活。比如，研究人员开始收集纽约经典的黄色出租车全球定位系统的数据，并将此作为优化交通管理和了解人们出行习惯的基础。出租车全球定位系统的数据比起从安装在这个城市各个角落的传感器上所获得的数据更精准；而且在所有车辆上都已安装了全球定位系统，因此就不需要在专用基础设施的部署上投资。而其他的传感器也无法提供诸如速度、交通密度等信息。既然我们使用共享交通服务对个人、社会和经济都有益处，那为什么还要拥有一辆属于自己的汽车呢？

智能交通不只会使城市交通发生革命性的变化，而且会从根本上改变两地间人员或货物的运输。智能卡车已经问世，是由奔驰公司生产的，它将于 2025 年正式上路。如果说目前机器还不能代替人做所有事情，至少司机可以多休息并在行程的大部分时间里通过电脑进行操作——正如在飞机上飞行员只负责飞行的关键阶段。

人员安全

现在让我们来谈谈安全问题。在交通领域，这是一个重要的课题。如同我们前面讲到的健康问题一样，一切都是相对的。以平均每小时 30 千米的速度行驶的车辆，即使车与车之间的距离很近，它们所面临的风险与在高速公路上快速行驶并与自动驾驶汽车混行的车辆所面临的风险也是完全不同的。技术性较高的操作所面临的风险也较大，譬如在仓库里行驶等。因此，如果说谷歌的智能汽车是无人驾驶的，那么奔驰卡车或是飞机都会保留驾驶员，但是驾驶员的角色有了很大的转变。

无人驾驶汽车不需要达到完美的标准，它只要比目前的驾驶员——也就是我们自己——更好就可以了。无人驾驶汽车不会睡觉、不会打盹，也不会在开车的时候发短信（尽管无人驾驶汽车完全有这个能力）、不会高估它做出反应的时间，也不会在等红灯时看到一个穿迷你裙的女孩就分心。由此，不难想象无人驾驶汽车比起人类驾驶的汽车更安全。

现在，让我们来谈谈出远门和旅游。出远门和旅游不同于日常的行程，我们要从旅行设计着手。我们去上班或者去市中心与爱人约会，在出发前不需要做大量的功课。私人旅行或长途出差则完全不一样，准备不充分经常会导致令人失望的体验甚至令你遇到真正的麻烦。如果你不常外出度假而又为了某个假期前期处处节省的话，那就真的会让你失望透顶了。

100%私人定制旅游

我们是如何安排假期的？可以从选择旅游地点开始。如果已经决定到泰国旅游，那就简单了。如果想找一个六月份天气好的地方，并要在两周时间内同时体验文化和海滨这两个主题，那就有点复杂了。这是因为，现在我们的选择被我们的认知程度所局限。我了解泰国的一些特色，因此这是一个自觉的选择。但是，有多少我不了解的国家同样能基本符合我理想假期的要求呢？如果那里更好、更便宜，为什么不去那里呢？

最终，我选好了目的地，然后就要制定行程了。由于我没有足够的时间游览全部地方，我该怎么选？在每个城市待多久？如果我要去一个城市化程度不高的地方参观一座寺庙而我又不太介意酒店的舒适度，那我要订哪家酒店？而当我在一个国家的首都旅游或是在一个美丽的海滩结束我的假期时，我会比较注重酒店的舒适度，此时我该订什么样的酒店？

然后就是航程的选择。我要对如下问题做出考虑：选哪家航空公司的航班？要中转几次？机舱的舒适度如何（某些航空公司的经济舱可能总体上比其他航空公司的要好，但对于不同的目的地情况不尽相同）？下飞机后立即开始游览吗？交通情况怎么样？我想，此时你已经明白了：如果想不虚此行，前期的准备工作并不轻松。

今后，像沃森（前面讲到的协助治疗癌症的系统）这样的人工智能系统将会显著改善我们的旅行体验。我们不用再急着打开默认搜索引擎查机票、找酒店，也不必细心检查行程的各个方面是否协调一致，更不需担心制定的度假计划是否切实可行。我们只需要登录一个专门的搜索引擎，用我们的自然语言说出我们如何安排假期的想法即可。比如“一个冬季气候宜人的地方，时间为 12 月 1 日到 15 日，能将文化和海滨这两个主题相结合”，系统将为你量身定制一条旅游路线。一切都会得到周密的考虑：安排好将我们送到机场的车和送我们去游览的车，预订好几家必去的餐馆，等等。当然，我们还能继续细化需求："不要参观太多的寺庙，我比较喜欢大自然"；"尽量避免吵闹的旅馆"（这样，系统就会明白你不喜欢家庭房旁边的房间）；"我的身高一米九"（据此系统会为你选择一家客机座位间距较大的航空公司）……

数字化使我们进入意图营销时代。不再需要用所谓有针对性的广告来吸引消费者的注意，这种新的营销方式会真正了解消费者特有的需求及最终意图，不再只是向消费者提供某种产品，而是考虑消费者需求的每一个细节，从而提出一种整体的、个性化的解决方案。

我最初也许想去泰国，但在智能系统的帮助下，最终决定去斯里兰卡——因为那里更符合我的意图。

这个奇迹是如何实现的呢？这是因为智能系统能够考虑到所有参数，可以参照网上发布的数百万条顾客评论并采集各项信息，譬如天气预报等。准备工作变得简单、有趣。智能系统会综合考虑所有可用信息，为行程做出详尽周密的安排，从而真正打造出属于每个人自己的、与众不同的旅游体验。我们不需要再借助各种网站、手机应用程序、旅行指南或旅行社，智能系统提供的完全是“一站式购物”——我们可以从一个供应商那里获得旅行需要的全部服务。机票（当然是电子机票）存在智能手机上，我们只需要等着司机将我们送到机场，然后开启畅通无阻的个性化旅程。

你知道旅游平台 WayBlazer[①] 公司吗？这家初创公司准备为旅行社推出一个智能系统，以帮助它们更好地满足客户的需求。自然语言的互动、更高水平的建议、更好的体验、更简单的选择，有了这些，自然能达到更佳的效果。这项服务于 2014 年秋推出。毋庸置疑，从现在起三年内，它可以基本实现上文描述的场景。

旅游行业应做出整体转变，这个行业的不同主体都应学会分享数据并更好地开发利用这些数据。旅游市场主体的价值来自它在生态系统中被认同的程度以及它全程陪伴客户的能力。当在线旅游平台也开始使用 WayBlazer 提供服务时，旅行社的价值还会体现在什么地方呢？当然，旅行社还会继续存在，但它

① WayBlazer 是一个旅游计划建议工具，可以为用户提供旅程、酒店、餐厅、音乐会等个性化推荐服务。——译者注

应实现面向高端旅游市场的重新定位，这是无法避免的。人工智能系统使主体之间彼此相连、分享体验反馈，主体为客户提供的不是一份选择清单，而是一个真正的答案、一个针对用户需求的精确解决方案。

幸好还有导游这个文化旅游的重要主体。你这么肯定吗？根据你所在的地点及所看到的景象，为什么谷歌眼镜不能用你的语言、你所期待的精细程度为你进行讲解呢？无论是导游行业还是旅行指南书籍，都会被数字化旅游所带来的新体验深深影响。想象一下，如果能拥有由智能眼镜和像苹果 Siri 那样的个性化智能助理软件联手形成的最好的导游为你提供服务，那岂不是完美！

当我为假期出行做准备浏览网页时，网页上总是充斥着各种广告。在智能时代，这些广告将因与新设置缺乏关联性而不复存在。这对我来说是件好事！我想对你也是一样的。

第三章　对数字客户负责的定制消费

根据前面讲到的旅游和出行体验，我们其实已经涉及一个重要的主题——消费。我知道，在这个充满危机和寻求新价值的时代，直白地用“消费”这个词也许有些刺耳，但我们没有必要遮遮掩掩。为了满足需求，我们就要消费；为了消费，我们就应从事某种职业；为了从事这种职业，我们就需要其他人进行消费——就是这么简单。

而数字化进程正处在消费复兴的运动中，它将引导我们以另一种方式进行消费。数字化使我们在提升消费体验、促进消费增长的同时，最大限度地减少消费对社会和环境所造成的影响。

让闲置物品带来收益

你买过多少价格昂贵之后却很少使用的东西呢？从电钻到摄录机，要列出一个清单恐怕要用很长时间。汽车其实也应该出现在这份清单上。在我上一章中讲到的智能出行的新生态系统中，你觉得还有必要拥有一辆汽车吗？我认为没有必要。

是什么阻止了我们优化这些物品的使用呢？我这里讲到的“优化”是指在消费者支付合理费用的情况下，如何让这些物品得到更充分的使用。答案很简单：通过数字化方式使邻居知道我壁橱里有个电钻，五年来我从没用它打过墙眼——可见我的电钻是长期闲置的，因此我可以把电钻借给他或是租给他使用。正如我们从优步的兴起和发展中看到的那样，数字化的力量就是使大量的供给和需求相匹配，由此形成新的经济流通。

在日常生活中，我们总会从别处借用或者租用一些物品，我们总会试着找到能帮我们在几小时或几天内排除故障的人。今后我们进行类似活动的规模与现在不能同日而语，大量出现的新主体将会以新的方式影响经济的转型。展现在我们面前的这种新的可能性与经济环境不佳相结合，使多种新的消费行为应运而生——比如“协同消费”。在很多情况下，所有者拥有某种物品却不需要使用它，而使用者偶尔会用到该物品却认为没有必要购买它。如今，数字化服务使物品的所有者与使用者能及时获取信息，从而实现顺畅沟通。从电钻到公寓，租赁的物品五花八门、应有尽有。数字化正在消灭所有权，使我们进入使用经济的时代。

所有权的终结

数字人清楚：拥有是一种无用的奢侈。这与他们对物品及服务价值的新观点是一致的：他们不再根据某个物品或某种服务的固有价值进行判断，而是以对它们的使用和从中获得的体验来进行判断。

当我们需要用车的时候，如果立即能租到一辆，为什么还要自己拥有汽车呢？我们可以根据具体需要租适合的车型：今天用都市车，明天用四门轿车，有时候还可以使用公共交通工具…… 数字化为个人服务的方式呈现出许多新的可能性，而以前这种服务只有企业才能享有。

实际上，企业近些年已经实现了向用途服务逻辑的转变。叉车制造商不再销售叉车，而是提供搬运装卸服务。机床制造商不再销售机床，而是出售生产能力。米其林（Michelin）公司也不再向航空公司出售轮胎，而是出售航空公司用其轮胎能完成的起飞和着陆的次数。至于汽车制造商，它们出售与机动性相关的一系列服务，而汽车只是其中的一个环节。所有人都以使用体验以及他们能从中获取的价值作为评判的标准，这使供应商为实现承诺就必须建立起一种与之相应的销售方式——包括服务在内。重要的不是对机器的所有权，而是实际生产能力。

个人移动电话的消费模式的转变也呈现出所有权终结的趋势，因为现如今我们不再购买手机，而是购买一组服务。在这组服务中，手机只是一个附件，因此它可以以旧换新，甚至经常是赠送给用户的。手机运营商非常清楚用户价值和用户体验要在服务中得以体现。如果没有相关的服务和应用程序，手机就什么都不是了。一些运营商甚至推出了手机租赁业务。汽车行业在这方面的转变要早于手机行业：租赁在汽车行业是常见的做法。既然我们可以租车，并可以每三年支付一笔不高的费用来更换汽车，那为什么还要买一辆随着时间的推移价值逐渐下降的汽车呢？何况，汽车的维护和保险费用是包含在租金中的。

数字化将这种服务逻辑提升到了一个新水平。现在让我们来谈谈共享经济——也就是协同消费。共享经济不断渗透到我们日常生活中的各个方面，但并不是所有人都意识到了这种现象已经达到了何种规模。

有谁还没听说过爱彼迎？这个服务平台可以使房主在房屋闲置时将它租给有需要的人。当我们不需要使用自己的住房时——譬如外出度假时，为什么还要在这期间支付贷款或房租？而另一方面，数百万名游客想要找到比酒店更便宜的、更具个性化的住宿方式，并且想融入当地人的生活。此时，缺乏一种能使房屋的供需双方相遇、相匹配的服务，而爱彼迎正好提供了这项服务。为了能更好地了解这个服务平台，让我们来看看这些数据：截至 2014 年，爱彼迎拥有 2 000 多万个用户，在全球约 34 000 个城市拥有 80 万个房源。一切交易都在可能达到的最好条件下进行，服务系统允许出租房屋的房主和租住者互相评价。这种相互的评价不只是为了增加信任度和透明度等数字经济中的核心价值，也是质量的保证。房主保证出租的房屋与在爱彼迎网站上的描述一致且状况良好，租住者则保证将房屋原样归还，不得毁损。如果某一方无法兑现其承诺，他们将受到惩罚——找不到租客或是找不到房子。爱彼迎服务平台的房源具有多样性，从小公寓到城堡，应有尽有，能满足不同的需求；其中有些是处于城市中心位置的公寓，酒店集团是很难提供这样的房子的。如果爱彼迎是它全部房源的所有者，那它会成为全世界最大的酒店集团！无论是酒店行业还是公共当局，对这个服务平台都有抱怨。这些抱怨源于酒店预订量的下滑和公共当局税收的减少。但是，它们的抱怨和担心只能说明一件事：爱彼迎这种商业模式发展迅速、运行良好，因为它符合新的消费方式。

Zilok① 是法国一个私人物品租赁平台。譬如电钻，通过这个平台，你可以租用电钻，租几个小时或是半天，这总比买来电钻搁在壁橱里从来不用要好。因此，对于那些买电钻只为打几个墙眼的人来说，租赁是最适合的。在 Zilok 网站上，用户

① Zilok 是法国一个综合性租赁网站。——译者注

可以用合适的价格租到各种各样的物品——从汽车到参加婚礼或只在年末庆祝活动时穿的礼服，应有尽有。

Zilok 的租车服务——现在改名为 Ouicar[①]，很快就成了法国第一大租车网站。与其要还车贷并支付汽车的维护和保险费用而车却一直停在车库里很少使用，我们不如租辆车代步。对于法国人来说，交通是个真正的问题。让我们通过一些数据来看看拼车网站 Blablacar 的成功运营。150 万多人每个月求助于这项服务来解决出行问题，网站估算它的用户们通过共享汽车每年可以节省 1.8 亿欧元，这还不包括乘车人节省的金额[②]。

数字时代的消费是优化一个物品的使用，共享它，最终只付出与所得到的服务对等的成本。从某种程度上来说，这也是解决环境问题的关键：共享闲置物品可以减少这种物品的生产。无论如何，这是一种真正全新的经济流通，也为消费者正确、聪明地进行消费提供了无限的可能性。传统的经济主体要主动去适应新形势，不断革新；如果它们不能在这种协作服务

① Ouicar 是法国提供私人之间租车业务的一个网站。——译者注

② 数据来源于 Blablacar 网站。（Blablacar 是一个为有意拼车的乘客和司机牵线搭桥的平台。——译者注）

逻辑中找到属于自己的位置，它们就会面临瞬间失去市场的风险。

在对品牌和消费者之间关系的演变进行更进一步的阐述之前，我们不能不谈一谈消费主义多年来导致的最令人厌烦的灾难——广告。在新行为、新期待以及数字化带来的新机遇的压力下，广告业也应该重塑自我。

广告业的革新是必然的

我们所了解的广告是在一个媒体数量有限的环境下应运而生并发展至今的，在很多时候广告是强加给消费者的，广告的数量与产品的销量呈正相关关系。但是，如今这种模式已经没有任何前景了。

最初广告是必要的，而且对一个品牌来说，很容易在数量有限的各种媒体上通过广告来触及它的目标客户群。根据职业、年龄、性别及其他一些因素，消费者被大致划分为不同的目标客户群，每个消费者都会被与他至少有一个共同点的人归为一类。如今，媒体的数量几乎是无限的。那些想吸引消费者注意力的广告对消费者来说是一种打断和侵扰，消费者会通过不断变换电视频道或在网络浏览器上设置“广告拦截”来摆脱它们。即使广告被奇迹般地成功传送给消费者，它也并不能真正影响消费者。

每个人都想作为独一无二的人被他人接受，而不是作为具有某些相似之处的模糊群体中的一员被认知。作为一个个体或一位消费者，让我们能够区别于其他人的是那些使我们与众不同的特点。那20%、30%或40%属于我们自己的特征将我们与那些在其他方面与我们相似的人区分开来。数字人与他们的前辈相反，他们有办法彰显其独特性，甚至要求其独特性被接受。

首先，数字人与其前辈不同，数字人可以彰显、宣扬、传播他们的独特性。博客、脸书（Facebook）、推特（Twitter）、领英（LinkedIn）都是显示个体独特性及个性化特色的渠道。正如电视剧《囚徒》（*Le prisonnier*）中的那位英雄一样，他不想只是一个号码，他想成为一个独立的人。

其次，数字人知道：根据他的在线行为特点以及各品牌通过客户存档对他情况的初步了解，这些品牌会有办法来了解他的独特性。当然，如果他还有会员卡的话，那就更方便了。他是谁？他从事什么职业？他的品位、价值观念是什么样的？作为职业人，他是怎样的？作为一个自然人，他又是怎样的？各品牌都会不遗余力地收集和分析这些数据。

《纽约时报》在2014年报道的一件事曾引起一场不小的争论。一位父亲对一家品牌连锁店将针对年轻妈妈用品的广告寄给了他的女儿进行了公开的谴责。他谴责这家商店以此方式来鼓励他女儿生一个孩子，这从他作为父亲的角度来看是完全不能接受的。过了一段时间，他却向该商店道歉：实际上，他的女儿怀孕了，只不过这家商店比他女儿更早地发现了这个事实。这是怎么回事？原来，这个女孩儿在商店网站上浏览的内容与商店对客户在线行为分析后确定的孕妇的典型情况符合。她还不知道自己怀孕了，但她的需求却显示出她已经怀孕了。虽然这个事件涉及一个敏感的主题，但它仍是一个针对个体需求进行了解、分析的典型案例。毋庸置疑，将来有一天，我们会觉得这个事件是完全正常的。

我们前面已经提到过服务这个概念的重要性。数字消费者所期待的正是，广告不再是一种负担，而是一种服务。广告不再只是某种商品的展示，它会为消费者在某个特定时刻的现实问题提供解决方案。广告会在消费者需要的时候出现在他面前。

如今，互联网上有针对性的广告不再是新鲜事。但点击率是多少？是否切实有效？互联网上的广告传播着太多的信息，而它们却未必能出现在需要它们的用户的屏幕上。广告不应该仅仅是一种服务，而更应该在合适的时间点出现在需要它的屏幕上。可能性是无限的。

我和住在楼上的邻居在看同一个电视节目，但为什么我们要看同样的插播广告呢？我们的年龄相差 30 岁，生活方式完全不一样，期待的东西也不一样。如果为我播放一些专门为我准备的、会使我感兴趣的广告会更有效，我就不会一直变换频道或者在播出广告时干脆去厨房喝杯酒了。这在技术上是行得通的。

在飞机上，为什么我面前的屏幕不能提供些独特的、专门为我准备的服务？何况我经常乘坐的航空公司完全了解我的品位（如果它对我不够了解，与它一起签发联名信用卡的机构可以向它提供关于我的一些信息）。我乘坐飞机时，座位前方屏幕上还可以提供目的地的餐厅、旅馆、车辆服务、展览等信息。当然，这些信息应该是针对我的个人品位的；如果只是些通常意义上的、适用于所有长途旅客的建议，我是不感兴趣的。是否对我的独特性给予了周到的考虑，将是我决定购买哪家航空公司机票的标准。

此外，要做到完全服务，飞机上的广告服务应该做到：我在座位上只要轻轻一点触摸屏就可以预订所需要的产品和服务。

当然，在飞机到达目的地后，当我来到机场的大屏幕前，屏幕上最好用我的母语播出着适合我品位的个性化广告。如果我愿意，我可以通过智能手机直接购买广告中展示的商品或服务。

数字化使我们进入意图营销时代。商家不再向我们提供产品，而是在某一时刻提供能够解决我们现实问题或实现我们某些想法的服务。因此，信息的发布要充分考虑到个性化需求，并出现在最适合的屏幕上，这样既不会干扰到我们要优先进行的事情，又方便我们在需要时直接操作。

在这样的大环境下，各品牌不得不对其营销模式进行革新。它们“购买”社会人口统计资料的时代一去不复返了。今天，各个品牌所面对的是在特定时刻有这样需求或那样问题的人。如今，我们经常使用的媒体是手机，它不会像传统广告那样对恰巧从商店前经过并看到广告的人产生影响，而是可以通过互联网影响在商店附近的人——商家了解他们的习惯并知道可以向谁立即进行推销。当然，这是考虑到客人需在店内等待的时间、店内存货，以及这位客人在当天这个时间段的习惯等情况后得出的结论。美国的一个咖啡经销商已经开始这样做了。

数据对我们如此重要，将来它可能会成为一种货币，有人称它为“新石油”。为了取得客户的个人资料，商家宁愿以大折扣出售产品或服务，有时甚至是免费赠送。这些客户资料在使商家得以提供免费或付费的个性化服务的同时，还使商家不断提供更多更具针对性的产品或服务，客户把这看作一个机会而不是侵犯了自己的隐私。现在越来越多的人对品牌使用自身数据表示担忧。在这样的大环境下，上面讲到的这种模式是否可行呢？Toluna 研究所应哈瓦斯集团（Havas Media）要求在 2014 年进行了一项调查，结果显示：有 84% 的法国受访者对其自身数据的使用非常担心，但他们中有45%的人已经做好准备在有经济补偿的情况下授权他人使用自身数据。这将实现客户与品牌的双赢。当然，取得双赢结果的前提是遵守道德规范并且明确双方的责权。

重新建立品牌与顾客之间的紧密联系

对于许多品牌来说，数字化是一个重拾与顾客联系的绝好机会，各品牌可借此重新与顾客建立起一种紧密的关系。当你购买冰箱的时候，你和惠而浦（Whirlpool）公司有联系吗？当你购买电动剃须刀或电动牙刷时，你和博朗（Braun）公司有联系吗？没有。与你有接触的是Darty、Fnac[①]或其他一些零售商。这样，品牌公司就失去了与顾客的联系。得益于智能产品的出现，品牌公司将重拾与顾客的联系。实际上，在购买智能产品时，重要的不是商品本身，而是顾客通过购买某种商品获得的服务。品牌供应商所提供的服务基于对数据的使用。因此，对品牌公司来说，通过成为服务的供应商，它们获得了与

① Darty：法国家电零售商。Fnac：法国文化科技产品零售商。——译者注

顾客重新建立直接联系的一个绝好机会。

在网购份额持续增长的今天，这种品牌与顾客之间的全新关系、直接体验是否意味着实体零售业的衰亡呢？不会的，当然前提是零售业要根据数字消费者的体验实现自我重塑。

与我们经常听到的相反，电子商务的发展不是以牺牲实体交易为代价的，或者说它们之间没有必然的因果关系。当然，实体交易会因下面这种情况而失去阵地：顾客获得的在线体验远远优于在实体商店的体验，这会使顾客在实体店的体验显得冷冰冰、索然无味，甚至是不愉快的。

让我们想象一下，你进入某个文化产品品牌的网站。在你登录后，网站根据你购物的历史记录、你的品位和你朋友的介绍自动向你推荐一些标题、书籍和专辑。而如果你来到这个品牌的一家实体店里，接待你的导购员只了解他自己负责范围内的那部分商品，他并不了解你的品位，不了解你以前在这里买过什么，即使这些就记录在你的智能手机或你的会员卡里。你听到的是大众化的问候："你好，需要帮忙吗？"而不再是"你好，我想你应该喜欢这个…… "这样的个性化推荐。随着像iBeacon这类技术的出现，导购员应该认出我并这样接待我：

“你好，迪亚斯先生，我这里有些专辑，你真应该听听。”也许导购员佩戴的谷歌眼镜能认出我。在他与我说话的时候，关于我喜好的信息会显示在他谷歌眼镜的屏幕上。尽管数字化有其实用的方面，我们还是喜欢与人接触的体验——前提是这种体验是高效的、有质量的、个性化的。当然，这些同样适用于服装业、旅游业等其他行业。

有些品牌——例如苹果——成功地发展了在线购物与实体商店体验之间的连贯性和一致性。我们以其中一种方式购物，然后以另一种方式提货。我们只需要用智能手机扫描一下某种产品，就不需要通过收银台结账了。为什么在网上有一键购物而在商店里付款还是那么烦琐？如果导购员可以直接结账，那谁还会在收银台排队？随着 iBeacon 和 Apple pay 技术的出现，我们一直使用的付款方式不久将会消亡。如果品牌公司不希望顾客只是被迫来逛实体店的，那应该考虑考虑这些迫在眉睫、亟待解决的问题了。

实体零售业应该重塑自我。要想让顾客体验得到满足，实体店应该成为一个商品展示的场所，而不再只是一个孤立于总体流程之外的销售场所。各品牌不要简单地将它们的销售渠道划分为线上和线下两个互不相干的世界。相反，每个销售渠道在一个品牌总体战略中都应成为另一个销售渠道的延伸，将它们完全区分开来会打破这种体验的连贯性。让我们用下面的例子来解释全方位销售渠道的逻辑。当我从某种商品前经过，用手机或智能手表扫描商品陈列柜上的电子标签，我都有哪些朋友买过这种商品以及他们对该商品的评价都会显示在我的手机或智能手表的屏幕上。

像机场这样人来人往的地方会怎样呢？当然，产品（机票）的销售是在顾客进入机场之前进行的，但这并不能成为破坏顾客体验连续性和让之前所做的努力化为乌有的理由。智能时代意味着令人厌烦的排队等待和安全检查的结束。电子登机牌可以打开机场所有的大门，这使得客流通畅。机场工作人员在这种新的设置中仍然会有一席之地，只不过他们的职能是经过重新设计的。为机场工作人员配上适当的装备，他们就能为顾客提供符合每个人自身特点的个性化服务。以下这两个例子能很好地向你展示这个前景。

首先，我们来看一看澳洲航空公司（Qantas）。通过研究大量的数据和对乘客历史记录进行分析，澳洲航空公司为其工作人员提供了技术支持，因此他们能为指定的乘客做出正确决策。我们不能因为两位乘客在旅途中互坐邻座，就将他们视为相同的一类人。如果发生变故，其中一位乘客可能更希望升舱，而另一位则可能更愿意接受退款。如果某位乘客最近乘机时刚经历过类似的小变故，航空公司就要用比对待其他乘客更谨慎的态度来为他服务。工作人员可以通过他们的移动终端访问所有这些信息。

我们再来看一看维珍航空公司（Virgin Atlantic）的做法。维珍航空公司开始为其工作人员配备谷歌眼镜。和我们前面讲到的如出一辙，这样它的工作人员就可以识别乘客、了解乘客的历史记录和喜好，能够提供与乘客旅程相关的一切信息并帮乘客解决具体问题。

让顾客满意已经过时了，这只是最起码的礼节，只是商家继续在市场上存在的最后的底线。要想真正赢得市场，就要赢在顾客体验。

一切都是可用的，只是需要以不同的方式逐步发掘。我们要调动全部的积极性、主动性来重塑品牌与顾客的关系。虽然顾客体验已进入数字化时代，但技术并不代表一切。重要的是，顾客与品牌应就体验合同和数据合同达成一致。

体验合同在某种程度上是品牌对消费者的承诺与消费者期望的交集。没有承诺就没有体验；而没有体验的个性化，承诺则是无特色的——听起来好听，但实施起来却枯燥无味。

数据合同是数字化时代的道德维度。它是新型的信托合同。如果说数据是体验的燃料，那么这是一种具有爆炸性和不稳定性的燃料。因此，各品牌收集和处理数据所采用的方式，以及对如何保护数据、如何使用数据持有清晰的态度是十分重要的。没有数据合同或者没有严格遵守这个合同，顾客和品牌之间的信任关系将遭到无法弥补的破坏。

第四章　休闲娱乐：个性化和共享性并存的体验

没有娱乐的生活是不存在的，至少是艰苦的、索然无味的。休闲娱乐在我们这个时代所占的比重不断增加，如今更成为不可忽视的、也是一些国家赖以生存的经济活动组成部分。

文化产业的危机

2001 年，当苹果公司推出 iPod 和 iTunes 时，许多人笑了，因为他们觉得没有人会需要随身携带 5GB 的音乐。当苹果公司在 2003 年推出 iTunes 音乐商店时，史蒂夫 · 乔布斯对唱片公司提出以 0.99 美元销售单曲的条件时并没有遇到困难，因为没有人相信这种模式会成功。在这种条件下，市场主体会有什么风险呢？最坏的情况是，iTunes 音乐商店只卖掉几十万支单曲；好处是可以通过这个实验对市场进行观察。无论如何，人们已经认定了它会失败。2005 年 3 月，iTunes 音乐商店卖了 3 亿支单曲；2006 年 2 月卖了 10 亿支；2010 年卖了 100 亿支。但唱片公司却没办法走回头路了，它们被迫接受了一种自己似乎还没有完全理解的新模式。最终，既不是盗版也不是像纳普斯特（Napster）那样的 P2P 网站，而是一个经它们授权的合法产品战胜了它们。

然后，轮到影视作品了。由于各方还不能就顾客以其希望的方式消费电影、电视剧及相关产品的期限达成一致意见，这个问题到目前还没有得到完全的解决。书籍——更普遍地说是纸媒——也面临着同样的模式危机。

但如果我们认为技术、互联网、MP3、智能手机处于这场危机的中心，那就错了。在这里首先涉及的是商业模式和消费模式的问题。ATAWAD 是“Any time，Anywhere，Any device”的缩写，即“任何时间、任何地点、任何设备”的意思。数字消费者愿意用这种方式来消费文化商品。他们不愿根据自己喜欢的电视剧的播出时间来安排自己的时间。要他们在法国等上两年的时间才能看到昨天在美国播出的电视剧也是不可能的，而且在社交网站上对这部电视剧的结局已经有了大量的评论。至于报纸，他们在乘坐公共交通工具时就可以在自己的平板电脑或手机上进行阅读。当然，根据自己的经济条件，他们可以按阅读的数量付费，也可以订阅套餐。

出版商也应该找到适合消费者的模式，因为消费者有很多后备方案，即使其中有些可能是不合法的——我在这里就不再展开论述了。在这里，我们同样可以看到服务的概念：CD、DVD 和书籍是否归你所有其实并不重要，重要的是你能如愿地消费它们。

你自己肯定也遵循这个逻辑。10 年前，你会购买一个软件许可证安装在电脑上；如今，你则要为合法使用软件定期付费。你也许知道这个缩写：SaaS（Software as a Service），即“软件即服务”。将来会是“音乐即服务”“电影即服务”“书籍即服务”。

但这只是第一步！随着多媒体的数字化，人们期待更丰富的体验。平板电脑上的报纸不再只是纸质报纸的 PDF 版本，其中还包含了许多的新内容，比如视频以及可以和其他阅读者进行互动的功能。这是一种综合体验，但并未实现个性化。

100%的定制体验

个性化体验是使体验内容适合于消费者的品位、独特性。这种体验方式在十多年前就已经成为可能。在读者阅读的过程中，出版商可以通过读者使用的浏览器了解其品位、感兴趣的内容。对于在一个网站上浏览却没有登录的陌生人，我们可以根据他在其他网站上的浏览内容对他做出相应的判断：他的品味是什么？他希望消费什么？

这种个性化体验，随着时间的推移，要根据消费者的品位和阅读习惯的改变而不断调整。比如，一本书或一部电影可以根据读者或观众的心态、喜好，甚至在社交网站上对书中或剧中人物及故事发展的评论提供不同的结局。通过了解观众所喜欢的演员或电影制作人，智能系统就可以据此推断这位观众在某部电视剧中想看到的情节。这些数据为作者的创作提供了依据。为什么观众不能拥有专门为其创作的故事和歌曲呢？

你知道一个叫艾米丽·霍薇（Emily Howell）的作曲者吗？

"她"还没有获奖，但"她"做的曲子好听极了！简单但很好听。我忘了告诉你：艾米丽是一台电脑。"她"将音符进行组合，同时考虑听众的反馈来进行音乐创作。艾米丽创造者的下一个目标是教"她"根据听众的评论形成并发展自己的风格。为什么我们没有可以根据我们自身品位专为我们谱曲的艾米丽呢？我们知道，机器人已经为美国的报纸写了许多篇文章——特别是诸如根据比赛结果统计得出的体育报告等对格式要求严格的文章。也许未来有一天，一位虚拟作家只为我写我想读的书，只用我喜欢的角度和语气写独特的新闻报道。这种想法并不荒唐。

媒体咨询的概念也已经过时了。如今，根据时间和所处的环境，一个人可以在手机、平板电脑上进行读书、看新闻快讯，更不用说我们还有智能眼镜。我们不再需要在结束一天工作回到家后坐在电视机前看时间固定的节目。技术的革新使我们可以不再根据媒体来安排生活，而是可以根据自己的需要明智地安排周围的媒体。

比如，《纽约时报》研究与开发实验室（*New York Times* R&D Lab）对我们周围的媒体空间的安排进行了考虑，特别是在“镜子屏幕”的形式下。可以想象下面的情景：当早上来到浴室的时候，通过一个面部识别装置，每个家庭成员都会得到个性化的体验。根据每个人的喜好、具体时间，甚至每个人的日程安排，镜子可以提供报纸新闻、电视快讯、上班途中的交通情况等各种信息。将来，媒体可以根据一个人所处的环境——家、办公室或公共场所——通过屏幕及一切可用的界面来提供服务。

当然，在一天中，我们所做的事情都具有连贯性。我们从醒来听收音机开始，然后去浴室，再之后开车或乘地铁到达办公室。根据我们查阅的内容、新闻事件的进展、适合使用的媒体的变换（比如在私家车和公共汽车上是不一样的），我们将以正确的格式在适合的设备上得到想要的信息。

如今，生活中的媒体呈现出多样性。我们可以从一个网站跳到电视新闻频道，再转到收音机，最后阅读报纸。有时相同的信息会出现好几次，这是因为目前的媒体是以自身为中心而不是以读者为中心。让我们来想象一下：未来有一天，每个用户都只有唯一的账户，任何一个媒体平台都可以通过其唯一的账户名识别他并依据他在其他平台上已经读过的内容为其推荐内容。只有在这一刻，媒体才真正实现了以用户为中心的数字化转型。

到那时，在一个不再围绕这些媒体而是围绕着它们的数字化听众来安排组织的世界里，媒体的概念也所剩无几了——根据它们目前的词义。譬如，今天我听着收音机里的早间新闻醒来并一直将它听完。因为即使换到其他台，内容也是乏味的。我很欣赏早间新闻节目中的某几位专家，但另外那些就差得多了。未来的媒体平台将会解决这个问题。未来的媒体平台了解我的品位、我的喜好，而且，随着时间的推移会不断完善对我的了解。因此，它会给我提供属于我自己的早间新闻：它会挑选符合我喜好的专家的内容；如果我喜欢比较幽默的专家的话，它也会为我找到。正如 iTunes 音乐商店使单曲销售逐渐取代了专辑销售方式一样，在未来，单集节目也会逐渐取代频道的概念。

这个转变其实已经开始了。今后，几乎所有的电视、收音机节目都会以播客或重播的形式单独推出，然后由智能系统在这些节目中选择直接播出或是播客播出（对于那些我不能听直播的）就可以了。内容都有了，智能平台将利用其所掌握的数据为用户制作出个性化的节目计划，通过服务性的广告为节目提供经济支持，这样用户就不会总想着换台了。

这个转变将会带来一场媒体格局的重组，形成新的联盟、新的商业模式。此前，我谈了很多关于交通的问题，理由很简单：无论是主动选择还是被动忍受，流动性都是我们生活的核心问题。现在，大家经常谈论关于信息超载的问题，我想我们应该用辩证的眼光来看待这个问题。我们不是拥有太多的信息，而是没有在适当的时候、适合的屏幕上得到适合的信息。2014 年 9 月，法国国营铁路公司宣布在洛林地区的省际列车上提供网上图书馆服务，以便于乘客阅读。法国航空公司近两年来也为乘客开通了数字化新闻服务。服务提供商与交通运输行业之间形成联盟成为一种必然。法国航空公司的目标是：对于已有初步经验的机上娱乐体验，实现真正以用户为中心的进一步发展。这样，乘客在空闲时就会拥有更多可选择的适合各自品位的娱乐体验。乘客可以在固定屏幕上观看，也可以通过手机或平板电脑来看。只要能够根据不同的人和环境提供适当的内容，地铁、火车、飞机都将成为“娱乐即服务”的消费场所。

另一个全面勃发的数字化娱乐行业是电子游戏。如今，像《侠盗猎车手 5》（*GTA V*）这样的电子游戏，预算和投资回报可与好莱坞大片媲美。不要认为这只是一个与年轻人有关的行业，如果你知道在地铁里玩《糖果传奇》（*Candy Crush*）的人的平均年龄，你肯定会大吃一惊。正如前面讲到的，个性化定制情景在书中和电影中的出现加快了娱乐个性化的进程。电子游戏将根据用户的品位进行个性化设计，用户将完全沉浸在专门为他打造的游戏世界中。一个人最喜欢的品牌当然和他的邻居不同，这种差异就为品牌提供了一个与用户建立有质量的独特关系，并为用户提供特色体验和服务的机会。如果在一个赛车游戏中某用户总是选择同一款车，也许对于汽车制造商来说这是一个向这位用户提议在真实生活中体验这款车的机会。或许，汽车租赁公司以免费升级的形式为用户提供这款车，以感谢用户长期以来一直使用它的服务。在足球比赛游戏中，我钟爱某个足球俱乐部并带领它不断发展壮大，最终赢得比赛。在现实生活中，这个足球俱乐部也许会向我发出邀请去现场观看一场他们的比赛，以便与我逐步建立一种良好的个性化关系。有了这种独特的体验，广告将被视为娱乐休闲带来的商机。

烹饪也是一种休闲。在网络上的照片中，我们经常可以看到人们在家或者是在饭店吃些什么。关于这个主题的电视节目也很丰富。刚才我谈到了浴室，现在让我们走进厨房。如今，一些智能烹饪厨具已经可以根据家中的食材提供菜谱，但这只是一个开始；再向前迈进，就可以根据家人的口味、可用的食材以及本周已经吃过什么菜等来专门打造个性化的菜谱，以便均衡家人的饮食。

前文谈到 IBM 的人工智能系统沃森以及这项服务的应用，这些应用看起来是无限的。去年，沃森被用来创造烹饪菜谱。这项重要的创举由沃森与美国一个很大的菜谱网站合作完成。通过对众多菜谱的分析，沃森明白了将哪些食材放在一起是和谐的、哪些放在一起不适合、哪些配在一起是行不通的。这样，它就可以通过自己的想象推出完全新颖的菜式。根据网上的相关评论，沃森创造的这些菜式取得了一定的成功。我承认，沃森似乎还没有考虑到新菜式在视觉方面带给人们的感受；但毫无疑问，在不久的将来，它会在这方面有飞跃性的进展。

让我们再来谈谈体育运动方面。跑步——即使一个人——

近几年来已成为一种社会性体验。为使其用户能够收集并与他人分享数据，耐克（Nike）将其品牌的运动鞋与苹果设备相连。这下，我们不再是独自跑步了：我们可以将自己的数据与其他人进行比较，可以发现新的路线，可以看到自身的进步以及与别人存在的差距并激励自己。为了能够按照我们自己制定的目标很好地安排并跟踪我们所做的努力，智能运动鞋也将进一步为我们提供相关的新服务。最初，我们可能只是以跑步为乐趣，每周日有时间的时候跑一跑；渐渐地，我们会为减掉五千克体重这样更高的目标而跑步；最后，我们可能会为取得好成绩而跑步。有多少跑步的人，就有多少种跑步的方式。大多数可以单人进行的体育运动是不太具有吸引力甚至是令人生厌的。对于那些不得不单独进行运动的人来说，现在通过使用智能体育用品，即使在单独运动的时候，运动也变成了团体活动——这比起单独运动可以为我们带来更大的收益。

经常独自坐在电视机前的体育爱好者也会看到他的体验将发生重要的变化。在美国，一家名为 Kwarter[①] 的初创公司将看比赛的球迷聚在一起。无论这些球迷是在体育场里还是在电视

① Kwarter 是一家开发和发行社交手机游戏的互动娱乐公司。——译者注

机前，他们虽然互不相识，但通过网络和智能系统可以聚在一起或是在一个小组中点评比赛，就好像在自己家的客厅里和朋友们一起看比赛一样。这些球迷可以用适合自己的方式参与到比赛中来。在比赛全程，他们可以预测未来几秒将发生的事情：点球、失误还是任意球…… 通过这种参与，他们可以赚取积分，然后兑换成礼物。这样一来，独自的体验变成了团体活动，更有趣、更吸引人。一些商家也可以通过参与这些团体活动成为球迷社区的一员，并以高质量的方式接触到球迷。这是以前通过电视屏幕无法实现的。

我们习惯于做休闲娱乐活动中的观众，而且经常是被动的观众。而数字化根据我们参与活动的能力，将使我们到达休闲娱乐活动的中心、到达媒体的中心。

一种方式是被动参与。我们无法根据媒体所掌握的数据以及它对我们的了解，预知媒体基于我们的可用时间和出行计划将做出何种安排。

另一种方式是主动参与。从足球比赛到最新的时尚节目，舞台内外瞬息万变。一个电视节目或电视剧是否热播，我们只要看看电视观众发推特的数量就知道了。电视节目和公众之间的互动是实时的。平台上的网络服务人员负责回答用户提出的问题；在某些情况下，他们还会向躲在屏幕后面的聪明的网民请教问题。至于电视剧的编剧，对他们来说，在为后面几集写剧本时，在决定一个人物命运的变化时，或是决定某一季的结局时，首先要考虑来自观众的大量丰富的信息。

数字人不再被动消费媒体为大众推出的休闲娱乐活动，而将参与剧本的编写、参与摄制和导演，甚至成为娱乐内容的一部分。他以自己的方式为编剧创作、为幕后倾注了大量精力。有机会的话，他们会亲自登上舞台。

第五章　数字化员工将颠覆传统工作结构

我们的工作生活从没有与我们的业余生活脱节。首先，我们不可能一跨出办公室大门就完全撇开工作不谈。其次，作为顾客、网民、自然人、公民，我们将要求企业重塑自我。我知道，不止一个人听到这些会笑。从企业诞生、管理成为一门学科开始，我们就在谈企业、管理及职业的重塑。但是，除了在有大量专家就这个主题展开讨论的研讨会上，我们还没有看到这场变革的开端。

企业的觉醒

一个在稳定的、可预见的环境中应运而生的企业，自身已经产生了抗体。这些抗体将企业保护起来，远离外界变化。企业管理者担心合作伙伴在数字化转型方面脚步太慢而导致组织转型的障碍——这真是讽刺啊！不去寻找企业自身存在的阻碍数字化发展的因素，却对合作伙伴抱有不必要的担心。“控制和领导”的管理模式、人力资源面试过程受“与我相似”因素的影响招聘“克隆人”、某些操作流程的执行人不能为企业带来任何个人附加值，这些状况在当前这样一个不稳定的世界里是无法继续存在下去的。当今，我们只能通过加强与外界、与客户的紧密联系并充分利用协作潜力和合作伙伴的创新，才能在这个不稳定的环境中闯出一片天地。

企业的这种转变已悄然开始。当然，转变的速度还不够快，但已经比以往任何时候都快了。为什么呢？因为企业在用尽了所有可能的方法也没有成功对抗变化、进行自我保护后，终于明白自己将无法继续承受身上的重压了。它要么与自己所在的生态系统同步前行，要么就会消亡。企业之所以做出转变，并不是一味追赶潮流，而是不得不接受经济现实。

2010 年以来，德勤咨询公司（Deloitte）的转移指数显示的数字引起了企业管理者的密切关注。美国企业的资产回报率已经降到了 1965 年的 25%。这不是衰退，而是崩溃。而这种结果是在员工生产率不断提高的情况下产生的。这意味着什么呢？这意味着：员工前进的步伐是不断加快的，而企业却是越来越慢，直到衰退。近年来，企业失去在本行业中的领导者地位的速度翻了一番，这个教训证明了没有任何一个位置是一成不变的。采用了新商业模式和新工作方式的企业可以在很短的时间内颠覆一个产业部门的内部结构。

2000 年，谷歌、亚马逊、苹果和脸书分别处于什么状态？谷歌和亚马逊还处在创业初期，苹果公司刚从濒临破产的边缘恢复过来，而脸书当时还不存在。如今，它们都是行业的翘楚，它们改变了多少产业部门又令多少昔日的行业领导者出局？德勤咨询公司总结说，这种状况的一个主要原因就是企业无法适应数字化的基础设施以及数字化所带来的一切。

在抗拒多年无望后，现在没有哪个企业或产业部门能自诩不受数字化浪潮的影响。银行、唱片公司、报社、旅行社、出租车公司…… 每天的新闻中都会有来自不同行业的企业及其合作伙伴运转不良的报道，有时甚至是悲剧性的结局。这种现象被称为“数字达尔文主义”，指的是企业对数字化适应的能力不如社会及其周围的客户那么快。

数字企业会更注重协作而不是自我封闭。当苹果公司推出了 iPod 和 iTunes，然后又推出了 iTunes 音乐商店时，苹果公司相对于其竞争对手的优势体现在哪里？索尼（Sony）公司——随身听和便携式 CD 播放器的发明者——拥有一家唱片公司。微软拥有技术并在媒体界拥有战略合作伙伴。为什么它们没有推出可以和苹果公司竞争的产品呢？因为它们是以一种封闭的方式运营，将技术和经验孤立起来；苹果公司则将硬件、软件和服务结合起来。知道如何制造 MP3 播放器、能拿到一张有声望的唱片还不足以重塑音乐产业；更重要的是，有关人士要互相交流、相互理解，朝着共同的方向发展。

我们知道，合作是企业的成功之本，但我们经常将合作限于执行方面。其实，在产品设计以及战略制定方面，合作也起着重要的作用。许多企业独自在一个或多个领域里有所作为，但数字化商业模式要求市场主体携手共同完成任务。没有人能深入了解所有领域，因此实现目标的唯一途径就是合作。

只能用信件和电话进行交流、在同一间办公室工作的时代已经远去。世界真的发生了如此巨大的变化吗？其实没有，但我们所拥有的技术确实使一些难以置信的事成为可能。企业的社交网络、视频会议、即时通信工具、在线办公组件（使共同编辑文件成为可能）…… 以看待企业的新方式、共同工作的新方式为主题的书籍等相关产品层出不穷。但是，高德纳咨询公司（Gartner）指出，80% 以开发这些工具为目的的尝试以失败告终。这又一次证明，数字化不是技术问题而是人的问题，譬如管理、组织及文化等。数字化意味着企业中某些神圣而不可侵犯的原则的终结——至少是重塑，这肯定会带来一些痛楚。

第一项神圣而不可侵犯的原则涉及层级制度。在“管理”这个术语被普遍接受之前，我们使用的是“领导艺术”——这是在那个将智者从具体操作者中分离出来的时代形成的一种观点。那些执行具体操作的人除了他们的操作能力外没有为企业提供其他任何附加值。如今，员工的受教育水平已经较高。问题是，企业是否认识到它限制了员工潜力得到最充分的发挥。企业重新建立层级模式的例子很多。从像 Zappos① 这样的初创公司到像戈尔公司（WL Gore）这样的传统企业，它们的团队根据应该完成的任务、为客户提供的服务等目标而自行安

① Zappos 是美国一个专注于鞋类的电子商务公司。——译者注

排甚至自行分配任务。在这样的团队中，责任并没有消失，而是被简单由“内部合作伙伴”（也就是员工）合作承担，他们对所做出的决策及产生的相关后果负责并在对团队有重要影响的决策执行中紧密合作。

这种打破层级制度的趋势体现在一项名为“自由企业”的运动中。要解放企业，重要的是将它的员工从适得其反的逻辑中解放出来，从企业结构和管理的重压下解放出来。如今的企业结构和管理行为与它们的初始目标产生了相反的效果：它们并没有简化并加速工作的进行，而是使工作变得更复杂。

来自外部的变化和复杂性会直接引发企业内部的混乱。目前，企业的反应能力和适应能力因其自身组织结构、管理行为的不当而受到限制；而且会议、决策周期和报告等使企业运营变得繁冗拖沓，这与企业要走出困境必须反应敏捷是背道而驰的。在数字时代，企业要以项目和客户为中心对自身进行组织安排，要像有机体一样存活。

企业管理者将以协助者、支持者的角色为他的团队服务。这正是印度 HCL 科技有限公司所采用的模式。它的首席执行官维尼特·纳亚尔（Vineet Nayar）说过：“能为企业带来价值的是那些面向客户的人，没有人比他们更清楚应该向客户提供什么新服务。”管理者的角色是帮助他们行事，而不是告诉他们该做什么 。当然，这需要管理者有很强的管理意愿。技术能为管理的实现提供帮助：它可以使企业状况更透明、更适于协作，同时会促进管理者与其团队间的合作，使管理者与其团队的关系更加密切，并帮助管理者真正将自己放在企业公仆的位置上。

工作空间的重新定位

第二项神圣而不可侵犯的原则涉及工作地点。流动性改变了人与人在工作地点方面的关系。工作不再需要在某个固定的地方进行，工作是一种态度、一种需要。现在，不但工作团队越来越分散（我们不与身边的人一起工作），而且工作地点越来越多样化。我们可以在公共交通设施上、客户所在地或第三方场所工作；我们可以在电脑前工作，也可以通过智能手机或平板电脑工作。只有将苹果电脑摆在办公桌上才是工作场所应有样子的固有印象将随着我们这一代人消失。

流动性是一个摆在我们面前的现实。但愿企业不要再强迫员工回到办公室来完成某项关键任务。办公地点多样化是经济方面的迫切需要：无论人在哪里，做好需要做的事情就可以了。但这终究还是一个社会问题：现在是时候采取必要措施减少交通给环境造成的影响了，能源的转型也迫在眉睫。让我们认真考虑一下数十万人每天用两小时以上的时间乘坐公共交通工具或是开车去上班所造成的时间浪费和环境污染（以巴黎为例）。现在许多企业开始考虑远程办公，允许员工在离住所较近的第三方办公地点工作。这在技术方面是可行的。这会使一些敢于尝试的企业以近乎虚拟企业的方式运营，不再有办公室或者办公室只是一个相聚的地方。

从主观能动性到员工体验

这场工作空间的革命将从两方面展开。首先，这是一次迈向实用主义文化的管理模式的更新。员工在工作地点待多长时间并不重要，重要的是他实际的产出。其次，工作顺利完成是以员工的主观能动性为基础的，流动性和远程办公则对员工的主观能动性提出了更高的要求。工作中员工主观能动性的调动不是由他自己单独完成的，而是在很大程度上取决于企业对员工是否具有足够的吸引力。

我将以员工的主观能动性这个近年来的时尚概念为基础来谈谈我称之为员工体验的概念。在前面，我已经多次提到“体验”这个词，这是因为客户体验是数字化商业模式的核心。企业转型就要创造新的体验，但是如果认为我们可以将员工排除在新体验以外，这将是一个严重的错误。正如奔驰的首席执行官在 2014 年夏天所说的那样：客户体验就是我们的品牌，而客户体验是随员工体验而来的。在法国，对员工体验的概念已经有很多的研究：员工不会为客户提供他无法从企业中获得的体验。如果企业让员工的生活变得复杂而且不舒适，企业将会看到员工会使客户的体验变得同样糟糕。员工的表现和主观能动性会受到员工体验的影响，进而反映到员工对客户体验做出的承诺中。企业要提高员工的能动性，可以从员工与其管理者、其他员工、生产流程、行政流程、工作环境等等诸多方面的关系来考虑，这些参数都将影响员工的参与度和生产率。企业可以改进的领域几乎是无限的。

很简单，员工体验的改善在于简化那些烦琐耗时的活动：从会议室的预定到信息的查询，管理的作用应该是协助完成这些任务而不是使这些任务更复杂化、更缓慢。彼得·德鲁克（Peter Drucker）曾说过：“所谓管理的本质就是使工作变得困难。”应该通过简化组织结构及流程来增强员工的主观能动性以达到有效和高产。

参与决策的新主体

组织、工作的简化将使决策变得更容易。更多的合作和集体智慧能让我们做出更好的决策并使决策的参与者以更大的能动性投入决策的实施过程中。这意味着更大量的数据的使用，这进而使快速制定明智的决策成为可能。当前，80%的决策是以企业高层管理者的直觉为唯一基础制定的，而不管管理者是否对决策可能产生的后果有真实确切的认识。直觉决策是一种潜意识的决策过程。如今，智能代理通过将无限的数据关联起来，帮助决策者和员工更好地评估决策可能产生的后果。最终，决策仍是由人做出的，但是决策结果会有一定程度的量化确定性，同时决策者将对结果有足够的认知。没有人能在规定的时间里对数十页 Excel 表格进行周密的分析并做出综合性决策，但机器可以。与其浪费时间和精力来积累、分析并试图弄清数据和信息的意义而最终还是有可能会做出一个有偏差的决策——这种情况的概率是 80%——还不如让机器对企业内部和外部的全部可用信息进行分析并根据评估的确定性程度提出可选方案。对于最终决策者来说，这既省时又省力，他可以更专注于如何永远凌驾于机器之上——将革新性和创造性体现在对方案的选择上。

如今，即使应聘者有一份非典型的简历，我们也可以预言他在某个给定岗位上的能力表现。美国最大的连锁电影院 AMC 影院识别出了在公司业绩中起关键作用的岗位——也许不同于我们主观认为的那些岗位。他们意识到，为企业的利润做出最大贡献的是那些向客人销售饮料和零食的员工。现在，使用 IBM 的沃森系统，回答战略会议上管理者的问题已成为可能。管理者将可以通过自然语言向沃森提出诸如购买哪家公司的产品或服务、采取哪种关键决策等问题，并通过与沃森的交流来进一步完善决策。香港一家风险投资公司 Deep Knowledge

Ventures 已任命人工智能机器人为董事会成员，它可为该公司提出并确认投资战略。

你可能看过在美国很受欢迎的《危险边缘》[1]（*Jeopardy*）节目，节目中沃森将最好的人类候选人打得落花流水。要知道，沃森系统是信息搜寻这个最耗时、最乏味的工作的未来。

目前，企业中存在着两种合作的方式，一种是生产性的，一种非生产性的。生产性的合作是将智慧、知识和才能结合在一起进行创新和生产。非生产性的合作是员工与同事们一起投入时间、不断搜寻，以获取所需信息。而新技术很快会使这些做法成为过去。员工将可以用自然语言提出“通常的折扣率是多少?”“谁能成为我们与汽车制造商那个项目供应链方面的专家？最好是个能在多元文化环境中游刃有余的人”等各种问题，并得到一系列具有相对确定性的答案。然后，由机器负责利用企业的信息库来进行搜索工作，将数据关联起来，并提供一个正式的易懂的答案。

---

① 《危险边缘》节目：1965 年起在美国大受欢迎的电视智力竞赛节目。它采取一种独特的问答形式，即三名参赛者根据以答案形式提供的各种线索，以问题的形式做出正确的回答。

使工作有意义

数字时代的工作是建立在领导、体验、数据这三大支柱上的。这为每个人的生活注入了新的意义。

在领导和体验方面，我们可以看到，就业合同已经不足以保证员工的主观能动性。特别是对于新一代来说，他们因为看清了企业界的情况，所以往往不再心存幻想。他们在面临新挑战、符合个人发展逻辑、能实现个人价值的前提下才会充分发挥主观能动性。

如今，那些以业绩和创新的组织模式震惊世界的企业有一个共同点：它们的员工相信工作是有意义的。谷歌、苹果公司，还有些传统企业，如戈尔公司和巴西的塞氏企业（Semco SA），它们将企业未来与员工愿望紧密结合在一起，它们的成功是依靠员工对企业模式的坚定支持和积极参与而实现的。它们的员工每天早上起来不是为了去工作，而是为了完成一项任务、改变一些事情、履行自身使命并有所作为。员工相信他们的所作所为不仅会对所在企业及客户产生影响，有时甚至会对社会产生一定的影响。个人能力只有在被相同价值观紧密凝聚在一起的集体中得到体现才是有价值的。

数据将彻底改变我们的工作方式和决策方式，甚至会改变工作的概念和众多的行业。你一定听到过许多关于工作有朝一日是否会被机器取代的争论：从出租车司机到致力于研究工作或进行信息处理工作的“白领”，众多的职业在未来都将成为过时的职业。只有创作型职业中的“蓝领”或“白领”还处在相对安全的状态中。当然，伴随着数字革命进程，也会有新职业产生。平稳地实现向数字时代的过渡是非常重要的。我们正面临史无前例的教育和培训挑战。

在这里，我想进一步谈谈工作在我们生活中的意义。我们不是将很快进入一个全新的世界吗？在这个新世界里，工作在人们生活中的地位会完全不一样吗？里夫金（Rifkin）曾预言：将来我们每周只需要工作 20 个小时就可以生产出人类所需要的一切。这个预言有望实现吗？无论是墨西哥亿万富翁卡洛斯·斯利姆（Carlos Slim）、谷歌的创始人拉里·佩奇（Larry Page），还是英国维珍集团创始人理查德·布兰森（Richard Branson），这些大企业家都在自问：随着共享经济和智能机器的出现，在不久的将来，我们的工作会减少，那我们对工作的狂热是否仍然有意义？如果在数字时代工作将被重塑，那么真正的革命可能体现在去从事那些只有人类能做而机器无法完成的工作，也就是说创造、创新和不断学习以完善自身发展，去做我们喜欢做的事。工作将成为我们生活中的一项活动吗？

有件事是肯定的，工作会更接近于我们生活中的其他活动。我们在工作中取得成功，是因为我们在工作中可以展现自己的特点、蓬勃发展并完善自己。最理想的状态是，工作能使我们更好地享受生活。这一天将很快到来，因此我们应该开始就自己的未来进行思考：我们想要什么？我们如何去实现它？这场革命已经显示了它的巨大威力，机器在取代体力劳动者的工作后已经开始取代脑力工作者的工作。如果我们要充分利用目前的革命而不要忍受那最黑暗的一面，我们就不应该对现实视而不见，而要全力以赴抓住数字化浪潮给我们带来的机遇。

第六章　创业者：世界运转的推动者

在 1997 年，我 18 岁时创办了自己的公司，那是一家数字通信机构。想说服银行家相信互联网将来会取代法国的公共信息网络终端在当时还面临着不小的困难。我创办这家公司的经历是一次既充满挑战也充满希望的精彩探险，只有我的信念与我同在。这是因为，刚开始的时候，我没有任何作为雇主的经验，也没有经验丰富的人给我提些建议。

到现在，我遇见过许多创业者——他们绝大多数是年轻人，我和他们分享我的经验。有件事我可以确定：当前及未来的企业管理与我 20 年前所掌握的方法是迥然不同的。

对于创业者来说，数字化是一个机遇的源泉。法国现有的高质量初创公司的数量就证明了这一点 。可以说，随着数字化的到来，几乎所有一切都要重塑。只有我们的想象力会限制新产品、新服务的发明。但数字化并不只是机会的同义词，我们要想走向真正的成功，就要彻底改变自己的习惯做法。

如果你读了这本书并感觉自己有当创业者的潜质，你肯定希望完全融入数字化经济。即使你想到了最传统的产业部门，也请记住，至少你的商业模式是数字化的。

你打算生产厨房用具？厨房用具迟早会成为智能产品。你想开一家三明治店？要知道，如果你没有很好地了解顾客口味和需求，进行产品宣传并为顾客提供“优惠券”，你的竞争对手就会抢在前面将顾客吸引到他们那里。让我们再来想一想乐都特（La Redoute）公司以及《环球百科全书》（*Encyclopedia Universalis*）的事例。

拓宽视野，快速前行

在数字经济背景下，当前及未来的企业管理首先要考虑到一些新的现实。

首先，市场本质上是全球化的。你的竞争对手不只是区域性的或法国的，还有全球化的。如果你处于一个新兴领域，在全国一流水平形成前你会有一些时间。但如果你还没有立即准备好超越自己，那么竞争对手就将毫无顾忌地侵入你的领域。

其次，你要准备好进行反复的检验以找到最适合自己的商业模式。在尚未开发的市场中，一切都有待发明。尝试就意味着要接受可能出现的失败并朝着另一个方向重新出发（在全球化市场中，你所面临的竞争对手先于你找到“正确”模式的风险更大，这将迫使你重新调整方向）。

无论如何，你都应该拓宽创新区域，因为数字化市场有很强的垄断倾向。在以往的经济中，几乎所有市场主体都能在市场上占有自己的一席之地。世界上有数十个主要汽车品牌就证明了这一点——即使这些品牌并没有获得同样的成功，但它们都成功地找到了自己的位置。这在数字经济中是不可能的：市场本质上具有全球性，而且边际成本几乎为零，因此不需要成比例投资即可实现快速增长。如果我跟你谈谈社交网络，你会想到哪些？脸书。然后呢？也许还会想到“Google +”①、微博、推特、亚马逊，还有职业社交网络领英。

这些网络都有其自身的利基竞争对手，有的是地方性的，

① “Google +”是谷歌公司推出的社交与身份服务网站。——译者注

有的在世界范围内有一两个竞争对手。但是，第一名和第二名之间的规模和收入的差距是巨大的。第三名则被前两名远远甩开，第四名除了在利基市场上重新定位，看不到其他未来。在数字经济中，不会给某个领域中的第三名或第四名留有位置，这与实体经济所允许的情况正好相反。正如美国人所说的："胜利者会拿走一切。"胜利者把所有东西都拿走了，留给别人的只有面包屑。

然而，与前辈们相反，你将永远不会孤单。当然，你的成功很大程度上取决于你自己，但是你拥有能帮助你充分利用全球互联经济力量的工具。众筹就是一个例子。

众筹可以通过向网友募集，为发起人的某种商品或服务提供全部或部分的资金支持。网友出资是因为他们对发起人的项目有信心。出资的网友经常会成为潜在的用户。

你所面临的挑战是要做到进展迅速并能够快速转向。如果你花上几年时间来仔细打造你要推出的服务，那么很可能有人会在你之前做出同样的创新。他提供的服务可能不如你的那样完美，但这不重要，因为大众、市场和投资者的目光都会被他吸引。如果他成功吸引了大量用户，你甚至连与他一决高下的机会都没有就已经失败了。“如果你没有为你的第一代产品感到惭愧，那是因为你推出的太迟了。”①

产品的这种运营方法同样适用于经济模式。免费提供自己的商品以赢得更多用户并增加营业额看起来可能违反常理，但这确实行得通。

免费增值模式

免费增值模式非常具有吸引力。你通过免费提供产品——至少是一个简约实用的产品——可以借此观察用户的态度并与用户群建立起联系。用户的反馈可以为你提供有利于产品进一步发展完善的意见和建议。这些意见和建议也许与你推出这个产品的初衷并不相符，但是请记住，这正是你的用户所需要的。然后，你只要提供一个具有更先进功能的付费版本就可以了。这个高级版本可能只触及 1% 的用户，但这将使你拥有一个巨大的潜在用户群，这些潜在用户通过免费版本已经拥有了满意体验，他们的满意体验会为你的产品带来好的公众舆论。

---

① 出自里德·霍夫曼（Reid Hoffman），领英创始人。

因此，免费增值模式是一种很好的方式。它可以将获得大量的、足以使你立足市场的用户，与测试产品功能并找到一种符合预期的经济模式有机结合起来。而且它比传统付费模式有更大的利润空间。

你认为会有 4 500 万人愿意花 10 欧元买《糖果传奇》游戏吗？不会。相反，通过免费提供游戏但设置“奖赏”的功能（要付费），它的目标人群和盈利会激增。实际上，只要 100 万个玩家中有 45 人每天花费 1 欧元就够了。这种模式的盈利比把这个游戏以 10 欧元的价格卖给 1 000 万人所带来的利润要多得多。

免费增值模式可以使新的主体利用公众给予的良好声誉逐步进入利润丰厚但封闭的企业市场。例如，因为拥有了数百万免费用户作为基础，“印象笔记”（Evernote）才能进一步为个人和企业提供付费功能。如果没有这个人数众多的免费用户群体，这个软件的付费用户也许永远不会相信这个平台，甚至从来没有听说过这个平台。如果没有大量免费用户的数据作为基础，“印象笔记”可能甚至不了解这些“贵宾”用户的需求和期望。几乎所有的大公司都开始采用这种模式：微软或 IBM 也开始采用免费增值模式，以便首先为用户提供一种体验，进而了解市场，然后确定付费服务针对的人群。

因此，免费增值模式非常适合应用于企业的创新、发展和寻找最合适的经济模式。

提升客户体验

作为数字经济背景下的创业者，你应该将价值和体验的概念紧密结合起来。客户只愿出资 100 万欧元来购买你的产品，他们只对自己会用到的部分感兴趣。他们不会根据你的产品的内在价值和价格说“这个产品物有所值”，而是根据他们能否从中获益进行判断。如果客户被产品体验所征服，他们会更倾向于购买产品、支付更多的费用并为产品做宣传。这样一来，你就不用再花大价钱打广告营销，而只需要通过动员你的客户社群来进行营销。在数字经济中成立新企业、推出新产品或服务的过程中，我们可以鉴别谁对新的项目充满信心、会为新项目进行宣传，以及谁会鼓励他们的朋友和他们一起使用产品或享受服务。

你看到过谷歌邮箱（Gmail）或推特在推出产品或服务时做广告吗？你可以想一想你是怎么知道自己所使用的各项服务的。你会发现：在大多数情况下，你是通过亲友或是有影响力的人了解到它们的，而不是通过传统的传播方式。

想象一下，你不是要创建一个企业，而是要制造一台交付体验的机器。通常，企业根据它要实现的目标来进行组织安排。那些在完成内部职能的构建和运行之前就专注于服务客户的企业则是“设计思考”企业。设计思考是一个与客户及其社群建立紧密联系的必要途径。它使我们根据市场的期望来进行创新和管理，而后进行组织安排；而不是在企业内部推动事情发展完善，然后看市场能否接受它们。简单地说，就是建立一个由客户需求驱动的、充满活力的企业。这样可以使创业者将精力集中在重要的事情上，而不再在无用的职位或行动上浪费资源。

我们生活在一个资源稀缺的时代，成功的关键是要做到精致、简单、节俭。动员你的社群，使他们为打造你的新产品并使之被了解贡献力量，一点一点地稳步前行；如果竞争或新机遇需要，随时做好转型准备。因此，你的企业组织结构越精简，你的员工主观能动性越高、责任感越强，企业就越具活力。

企业在生态系统中运行，你永远无法一个人做所有的事情。因此，要找到值得信任的战略合作伙伴，并将那些对你的商业模式不重要的工作外包出去。企业生态系统不仅是企业快速发展的关键，而且从商业角度来看，也是“成群猎食”、充分利用最好的机会，甚至是在某些事情上共同进退的关键。你目前的竞争对手有一天可能会成为你最有价值的盟友——有的时候，合作要好过对立、好过各自为政。特别是当企业刚刚起步，还很脆弱的时候，一种良好的合作伙伴关系要好过一场致命的竞争。

保持开放的心态

我想再次强调：我们应该随时准备好使产品向一个新的方向发展，随时准备好放弃原有的市场而转攻另一个市场。这并不是失败，相反，这是在全球化和超级竞争的环境下得以生存的关键。你肯定听说过科韬广告有限公司（Critéo）——法国初创公司的新亮点。它最近在纽约纳斯达克证券交易所（Bourse Nasdaq）上市。也许你忘了：2005 年，它在刚起步的时候还是一个电影推荐平台。科韬广告有限公司在找到将它推至巅峰的商业模式前，至少三次转变经营方向。

我建议你做一个对未来有益的练习。你今天使用最多的十项服务是什么？谷歌、Foursquare①、脸书、Scoop. it 等。试着了解它们在起步时处于什么状态，它们的市场在哪儿、商业模式是什么，它们的用户群是哪些人，它们的利润如何。通过了解这些，你会意识到：当今市场上的领导者在过去经历了不断尝试和重新定向。

要想取得成功，你所建立的企业必须与你的规划保持一致。如果你的团队缺乏首创精神、自主性和责任感，就不要期望得到一支敏捷的、有能力应对动荡环境的团队。

回顾上一章，上一章中我所描述的员工的生活，将由你来开创，来使它变为现实。作为领导者，你将确保团队的长久发展。激烈竞争的市场将给你的团队带来巨大的压力，他们可能

---

① Foursquare 是一家提供用户定位服务、移动设备软件和游戏服务的社交网络服务网站。——译者注

无法抵御不断袭来的重锤。在企业成立之初的几个月或几年里，一个人数激增的团队往往会决定公司的命运。

数字经济带来了新机遇和新制约，也提供了在新环境中尽情施展才能的工具和手段。获取技术的成本从来没有这么低，而且数字化为我们开启了一扇通往外界的大门。与自己的社群保持联系并进行互动也从未如此简单。对可选方案进行测试以便找到最佳选择在当前也变得极其简单。数据为我们熟悉、了解用户提供了前所未有的资源：谁会成为我的客户？他们有过怎样的经历？他们有怎样的品位…… 在以往，只有大企业才能进行订购。现在，越来越多的中小企业拥有了智能工具，因此订购对它们来说也成为可能—— 这在五年前还是无法想象的。了解并响应大企业的初创企业扶持计划对年轻人来说是有益的，IBM 和微软是这方面的领头羊，它们将伴随着初创企业不断成长，并为初创企业提供发展所需的技术支持。

如今，我们能以非常实惠的价格享有电子邮件、视频会议及在线办公软件等工具。不用进行任何安装或管理，一切都在云服务中。这样，你就有了可以充分发挥团队的敏捷性和集体智慧的法宝。

第七章　学习：应对世界不断变化的重要能力

读到这一页，我想你会意识到：只有变化！并不是。也有许多机会。如何跟上这些不可思议的变化的脚步并充分利用它们？如何使自己在这个不断变化的世界里永不过时？你不是唯一提出这些问题的人。其实，我们所有人都会对自己提出这样的问题。与其他人相比，你既不超前也不落后。

我们应对这个世界的唯一方法就是学习和尝试。每 15 年或 20 年更新一次技能的时代已经结束了。当今，飞速的发展会引发这样的情况：一个年轻人在管理学院或工程院校第一年学到的部分知识在他获得学位时已经过时了。学校不应该只教给我们知识和技能，还要教会我们如何学习。然而，我们不能只通过传统的方式对数字化进行学习：数字化是活的，我们应该在实践中学习。

你学习过使用谷歌、脸书或苹果手机吗？在知道了大原则之后，我们要通过个人的实践来了解和学习。

学习者的新处境

学习将成为一种永久性的、体验式的社会性活动，并与实践相互渗透。我们自己是学习的主要责任人。

永久性 我们已经体会到了这一点，因为我们所掌握的技能在比以往更短的时间内就变得过时了。如果你在 2010 年学过数字营销，并且从那时起就没有更新过，那你的工作在 2015 年就已经处在危险中了。那些在 2005 年曾经从旁观察过社交网络的招聘者不得不加快脚步迎头赶上。许多人满足于不停地追赶变化的脚步，但数字化转型的真正受益者是那些与之同步的人：当其他人还在试图追赶已经驶过的列车时，只有与数字化转型同步的人才能为管理者提供解决方案。

学习具有永久性，还因为我们不只是在专用时间里进行学习，还包括每天在我们从事的各项活动中学习。法国安盛集团

（AXA）为员工提供了在线培训，形式灵活、内容有趣，其目标是每天不超过 5 分钟。法国初创公司 2Spark① 以类似的理念建立了自己的模式：每天学习 1 分钟，以便更容易地将学习寓于员工的日常生活中，并使学习成为他们休闲时间的一项活动。

体验式　知识的牢固性是个永恒的问题。人们不会因为接触到了知识，就主动汲取知识。要学到知识，首先要有汲取知识的渴求，并要有一种使你渴望进入学习过程的体验。学习成为每天的基础活动这一事实对我们提出了新的要求：需要学习已经不足以支撑这种基础活动的动机了。渴望持久的学习或渴望重新回到学习中，同样是动机中必不可缺的要素。如果学习不能成为我们享受的、想要不断更新的体验，那么，无论学习内容的内在质量如何，学习都不能在我们的日常生活中获得应属于它的位置。

相互渗透　学与做经常是混合在一起的，没有明确的界限。我们在实践中学习，可以使获得的知识更加牢固；我们在

① 2Spark 是一家大规模的从事知识获取和企业转型方面业务的初创公司。——译者注

学习中实践，可以更好地理解领会。

社会性 我们不再单独学习，而是和他人一起学习。我们通过与他人交流来解决摆在面前的问题，并进一步丰富自己的知识、发现问题、激励自己。

新的学习工具

环境给我们施加了新的制约，但也给我们——数字人——提供了一个使我们成为学习者的巨大宝库。

慕课——大规模开放在线课程（Massive Open Online Courses）就是一个很好的例子。许多知名大学和企业通过它来设立培训课程，有些课程甚至是免费的。通过使用慕课这种学习工具，越来越多的人可以根据需求选择课程，获得了学习的机会。这样，在学习者之间和学习者与教育者之间都形成了良好的社交体验。

现在，体验是学习的核心。那些以教授知识技巧、提供专业训练和模拟为主要内容的严肃游戏向我们证明了这一点。这些以游戏形式出现的学习工具旨在通过互动、竞赛、挑战、奖励，使学习过程变得更有趣；为了创建更具吸引力的场景而越来越多地使用视频。这只是全面革新实践的第一步。

智能设备和数据在学习中的角色也很重要。一旦我们根据所处环境了解了自身对信息的需求，要让我们需要的信息出现在适合的屏幕上其实是一件很容易的事。我们可以在智能电话、电脑、手表、眼镜或目前还未知的智能设备中进行选择。为什么不在我家的冰箱或厨房的内置屏幕上显示教我如何根据家里的食材做菜的课程呢?

为个性化学习提供支持

一所美国大学将学生获得的成功与他们在网上做的教学内容测试以及他们所在的在线学生社区相关联。结果显示，学习设备能够为他们指明正确的内容，并引导他们找到能获得帮助、使学习状况得以改善的最适合的社区。

当然，我们必须避免“技术万能论”的陷阱：不是因为现在我们使用某项技术去做我们以前要借助图表、书籍才能完成的工作，我们就会改变很多东西。在进行技术革命之前，我们应该先实施教育革命；或者既然知道技术革命已经开始并加速，我们就更要加快教育革命以避免混乱局面的出现。

网络学习这种方式告诉我们：学习的效果并不会因为我们将“老”的教学内容数字化就更好，知识的牢固性和持续性也并不会因此而更显著。20 世纪 80 年代，在法国由国家发起的各种“信息”计划以及最近刚宣布的“平板电脑”计划，在真正实现教学革新之前是不会起到什么作用的。我们不只是用数字化工具学习，而且应该以数字化方式学习，这更多涉及文化和哲学的概念。课堂上的教学法应该更具协作性和参与性。至于网络学习工具，就像我们所看到的那样，它们应该再创一种独特的社会性和渗入式体验。这是一场不可或缺的、有益的改革，因为它能帮助未来的员工准备好迎接职业挑战。

学习革新是企业革新的前提

20 多年来，学生们养成了不一起学习、不帮助邻座、独自消化从平台上获得的知识的习惯，我们无法想象将来他们进入企业后会增强企业的合作性和透明性。当前，组织管理的顺畅与否不是取决于员工在他们的学生时期是否在学校里学到了知识，而是取决于他们在初入职场的 10 年或 12 年中学到的工作方式。这种缺陷是无法补救的，而高等院校所做的倡导改进、完善工作方式的努力也往往是徒劳的。

我们不应该只是简单地改变学习、获取新知识和新技能在我们的生活中所处的位置，还要改变使我们获得知识和技能的工具，改变教育方式并改变整个学习流程。

我们要明白，这是就业能力的关键所系，因此是生存问题。我们要在工作中学习。没有人能对一切尽所周知。世界太复杂、变化太快，没有人可以成为各个方面的专家。我的这种观点对于文艺复兴时期的某些人物并不适用——譬如达·芬奇，他既是艺术家，又是科学家、画家、工程师、雕塑家、建筑师、作家、规划师……这样能在诸多领域都成为专家的人称为“通才”。

如果你还记得在前面的章节中我曾经阐述过为什么是苹果公司而不是索尼公司发明了 iPod，为什么要运用大量多样化的专业知识技能来共同协作而不是孤军奋战，你就会明白数字企业将是“通才”。与此相反的是，当今没有人可以自诩“通才”。史蒂夫·乔布斯也许算得上比较接近“通才”标准的人了。但是，未来的“通才”将不再是某个个体，而是某些组织。这个趋势将改变我们工作和学习的方式，也会改变我们评估知识的方式。我们的就业能力不再取决于我们在找工作时所掌握的知识，而是取决于我们在集体中持续学习并在集体中运用所学到的知识的能力。新的“通才”是苹果公司、谷歌、通用电气公司、IBM…… 但它们要靠员工集体的才能和智慧使企业价值得以实现。

在未来所有人都要掌握的学科中，写代码和编程的能力将占有重要位置。我并不是说每个人都应该成为程序开发工程师，相反，世界需要丰富多样的职业。但是，写代码将成为基础教育内容之一，就像阅读与计算一样。当看到 Skype 即将提供实时翻译服务时，我们会意识到将来也许代码甚至会排在外语前面。当机器能做出即时翻译时，代码可能就成为我们要学习的第一门“外语”。只有掌握编程，才能在数字世界里迈出第一步：编程，继而创建网站，开始做些尝试并看它能否运行、是否有用。代码也是我们理解周围事物如何运行的基础。正如外语，不是所有人都必须精通两种语言，但每个人都应该了解基本知识以便能处理一些简单的情况。马克·扎克伯格（Mark Zuckerberg）没有编写脸书的全部代码，史蒂夫·乔布斯和比尔·盖茨也不是天才的软件开发员，但他们有足够的才能来创建解决方案，完善某种产品，并知道如何使企业充满活力。直到现在，我们仍然经常认为编程是受过良好教育、高科技企业的精英才能从事的工作，体力劳动者是无法胜任这项工作的。其实恰恰相反，未来代码将成为工匠的工具——也许并不足以完成伟大的事业，但要生存下去并找到自己的位置，它却是必不可少的。

第八章　智能化数字城市

我们也许还没有注意到数字革命最重要的一方面。它是无形的，就在我们周围，并会极大地提升个人、集体乃至整个社会的幸福感。这正是对城市的革新——创造一个能带给我们更佳生活体验的智能城市。

这场革命已经在我们身边展开。目前，它仍然是零星地推进，但是，未来有一天，这些零星的阵地会相连成片，实现全球化，智能城市的承诺将变为现实。

什么是智能城市？

智能城市是人力资本、社会资本、技术及基础设施（水、燃气、交通网络等）完美结合以促进经济可持续发展，优化自然资源管理、优化公共服务的城市。

你知道目前纽约的消防员是如何选择他们要检查的建筑物来预防火灾的吗？在这种规模的城市里，要定期检查每个建筑物是不切实际的。因此，他们选择了“不太坏”的解决方案——只检查重要的建筑物：机场、地铁站、火车站、公共建筑。结果并不能真实反映问题，原因在于被检查的这些建筑物经常得到维修、定期进行现代化改造。检查起到的作用不大，因此在这个城市中火灾仍然不时发生。

事实上，火灾的发生并非如此随机，而是有逻辑可循的：建筑物的年龄、最近一次维修的时间、电力线路及电气装置的年龄、使用不同方式交替供暖，以及其他十几个相互关联的因素。人类大脑无法理解这些因素是如何相互关联的，但是机器可以。机器可以根据发生的火灾和调查的结果，使用传统数据和大数据来确定处于危险之中的建筑物。纽约消防部门不再过多检查那些低风险的重要建筑物，而是将精力集中在确实有风险的建筑物上，最终成功地履行了他们预防火灾的职责。

这种方法对消防员来说有效，对警方来说也有用。如今在华盛顿特区或洛杉矶，警局配备了“首席信息官”。它负责组织信息的使用，以帮助警方更有效地完成公共服务使命。预测分析是一项基于已经发生的事件对未来可能发生的事件进行预测的技术。这项技术可以确定在某一特定时间城市中犯罪风险最高的区域，以便及时采取预防措施。突发事件——比如一场比赛，或是一个节日、气温、情绪分析、假期、一个街区的社会学数据，都可以用来确定关注点，使警方可以在事发前优先采取措施。这样就可以对人群行动、盗窃等做出预测，以便警方做出预防性部署。

预测——城市的新定义

同样的逻辑也适用于城市管理。目前，法国在这方面最好的例子是蒙彼利埃市。这座城市与 IBM、当地大学和初创公司合作，启动了一项雄心勃勃的“智能城市”计划。这个计划涵盖了几个不同的方向，理想地构建了未来城市的样子。我们可能还没有意识到智能城市即将来临，没有理解它将如何运行，但可以肯定，它将为我们未来的生活带来全面的改变。

“指挥中心”的建立将为智能城市的到来拉开序幕。它可以为城市管理者提供对城市运作所有相关数据的全面详尽的横向分析，以完善他们的决策。这些数据也将与第三方共享，以便协调各方的行动，并在适当的时候为新出现的问题找到创新的解决方案。实际上，这种方法的特性并不是积累指标和数据：在偌大的城市中，没有人能够处理发生的一切事情，特别是没有人能够完全理解哪些因素起到了怎样的作用。而“指挥中心”却可以做到：它可以确认关键指标，辨别微弱信号，找到影响某个指标的因素并预测评估决策将会产生的影响。

“指挥中心”在完成上述工作后采取不同的措施。首先，从水的管理开始。

在城市水资源网络各处安装的传感器实时监测故障和泄漏，以便立即采取措施避免各种形式的浪费——这实行起来并不容易；还要考虑到其他外部数据，譬如天气、是否处于旅游旺季等，才能预测消费高峰，并采取适当的措施。所以，要将所有数据关联起来，才能使我们对水的消费有更好的认识，才能提高大众对水资源管理的敏感度。

在纽约，出租车的全球定位系统已经被用来分析实时交通状况，这比起在城市各个角落安装传感器的传统做法更有效。

这是因为，那些传感器无法将车辆平均速度等重要数据纳入分析，而且它们不能覆盖所有的街道；而出租车是城市交通的重要主体之一，通过它来收集相关数据是再合适不过的了。将来这项任务还会落在我们身上。通过安装相关的手机应用程序，我们可以提供实时数据和信息，使管理部门及时发现问题并实时解决问题。出行流量管理是大城市的头号问题，解决这个问题需要对大量的因素进行复杂分析。未来，随着能考虑到环境、人类需求和所受制约等诸多因素的预测/推荐系统的使用，我们将获得舒适、顺畅的交通体验。

一般来说，这样的设施可以预测和防止各种难以估量的后果，使我们提早采取必要的措施。

更方便、更舒适的日常生活

对城市管理有效的措施对居民楼和办公楼同样有效。我们要记住：电源开关、电梯、计数表、太阳能电池板或窗帘等各种装置和物品，将既是分享信息的传感器，又是根据环境及其他传感器发送的信号运转的“可操作”的对象。当然，具有这些功能的装置和物品将提高我们生活的舒适度。例如，根据对环境的预测分析，关闭窗户、实时熄灭灯光。如果在酷热的夏天，气象预报雷阵雨正逼向你家所在街区，或者在推特上有大量网民在分享第十五区将有大雷雨的消息，那么即使你此时不在家，智能系统仍能采取一切必要的措施——关闭窗户、保护露台……

根据某幢大楼里电梯的数据以及世界各地使用类似式样电梯的数据，可以预测某部电梯可能发生故障，从而进行预防性维护，用更低的成本获得更佳的舒适度和体验。

我们对水、气、电等各种资源的优化使用，会为环境带来巨大的影响。具有联网功能的传感器将被使用在基础设施方面，预测分析工具也将被广泛应用，相关各方（顾客、分销商、生产商）之间的数据共享将越来越简化。这将会使：

- 最终消费者改变自身行为以减少开支、减轻对环境的不良影响。
- 生产者为每个顾客提供个性化的服务和可接受的价格。
- 分销商根据费用更好地管理基础架构和流通量。

我们在公共场所的体验也会顺应这种趋势，朝着同样的方向发展。让我们设想一下：在体育场馆，根据赛事海报、天气、观众等因素，将一切进行优化，从而避免场内外排队。在你观看比赛的过程中，根据你的消费习惯、比分状况和比赛进程，你会被告知距你的座位最近的酒吧的排队情况；如果在某些“适合”的时刻消费，甚至会有优惠。迈阿密海豚美式橄榄球俱乐部（Miami Dolphins）正是采用了这个系统以减少观众因长时间的等候产生厌烦心理，从而改善观众体验。他们在每一场比赛中为成千上万的球迷提供近乎个性化的服务。想象一下在机场、火车站等场所采用这种措施后将给我们的生活带来怎样的变化……

因此，智能城市的实现将使我们能够预测重大事件的影响，减少日常生活中的烦恼，更好地管理我们的资源，花更少的钱过更舒适的生活。

第九章　我们逝去之后

我在前面讲到的一切都不是未来。正如你所看到的，一切都已经就位，唯一不确定的是数字革命广泛传播所需要的时间。我们所要做的就是谈论数字未来，谈论作为数字生物的我们自己。

几年前，一位去国外参加会议回来的朋友告诉我："我看到一个疯子。他在台上讲了一个小时，就为了给我们解释我们如何在去世后继续在网络上存在。"

我已经谈到过超人类主义以及近些年由一些科幻小说引出的问题。如今这些正成为社会辩论的主题。毕竟，这是合乎逻辑的：我们的生活不再是线上或线下，而是两者兼有。但是，这就会产生一些问题：我们生活中的数字部分不仅是资本的一个无形部分，也是我们的身份，而这一切在我们离世后仍将在线。

我留给亲人的遗产也许将是一个优盘。这个优盘中包含了关于我的所有数据，也包含了我记录的各种信息，还包含了我使用过的不同服务的密钥。也许我的继承人将负责维护我的博客：不是要继续更新内容，而只是让它在以后的岁月里保持在线。从博客和社交网络产生时起，许多人就曾经对自己提出过这个问题：如何处置逝者的脸书或博客？这个问题总有一天不可避免地会到来。起初，人们认为这是一个完全无关紧要的问题，有些人决定不去理睬，另一些人则决定将它们关闭。后来，我们逐渐意识到亲戚、朋友会来到这个媒体空间纪念逝去的人，就如同他们到逝者墓前献花一样。无论我们喜不喜欢，这些空间都包含了我们生活的片段、我们与他人的交流以及与亲人共度的时光。把网上或现实生活中发生的事情进行数字化，那它将成为一部开放式的回忆录。

随着用户年龄的增长，对逝者账户及其所有权的管理问题正成为一个社会性问题。那些以前与逝者没有利益关系的亲人，在对逝者进行悼念时，都会很动情。“身后事的数字管理”当然不是个快乐的主题，但它是最人性化的。现在，在线追悼会服务、将定制好的信息在去世后发送给亲人的服务已经出现。毫无疑问，我们这代人在将来面临这方面的问题时会想到数字化。

互联网为我们提供了一个机会：它让我们能给后代、朋友和亲人留下一些痕迹，为他们提供可以重新围绕在我们周围的办法；把我们的思想、理念、记忆留在互联网上，让它们为逝者的清誉甚至为集体智慧贡献些许力量。

我和一个亲戚讨论过这个还处于雏形的想法。他微笑着对我说："你知道，我在互联网上的很多操作都是自动化的，比如发表博客文章、转发自己的旧文章等。如果明天我出了什么事，我的文章还会继续发表几个月，对我以前各种活动的提示每天还会继续发送，一直持续下去。人们可能会觉得这挺奇怪的……"

我们将越来越多地与智能机器一起工作。智能机器会学着我们的样子思考、寻找信息。如果有一天，这些智能机器将作为我们的延续在网上继续存在呢？它们会继续浏览网页上我们感兴趣的主题，与我们的朋友分享相关的内容；就如同现在这些机器会学习，甚至可以从其他机器那里学到东西一样。在从现在起一百年或更短的时间里，谁知道我们会不会以人工智能的形式脱离肉体继续存在？而这些机器将继续交流，正如它们的主人在过去所做的一样。

悲伤？忧虑？充满希望？还是觉得可怕？这些情绪肯定兼而有之。而那个在今天就预言我们离世后会以什么样的数字形态继续存在的人一定是个聪明人。我们的生命肯定会留下痕迹，也许有一天还会继续延续下去。在怎样的世界中？我不知道。

这样的思考是我们无法回避的，它提醒我们：我们就不远的未来分享各种观点、渴望、梦想和思考就要结束了。更深层次上，在技术的威力和财富背后，是一种对人类、人类的变化以及我们所生活的社会的思考。

结　论

正如我在序言中所说的，我们无论作为一个简单的个体还是作为雇员、顾客、患者、创业者…… 都被赋予了超能力。我们有时会自主地、有意识地去使用这些超能力，有时会在不知不觉中从中受益。

我天生乐观并对一切充满好奇心。很久以来，我已经将“放弃”这个词从我的字典里删除了。我不认为我们在恐惧中可以建立起强大的、美好的事物。恐惧使我们抗拒一切，让我们与风车作战，使我们失去力量。所有的事物都有两面性：有光明的一面，就有阴暗的一面。为了确保拥有光明的一面，就要勇于面对、敢于尝试并不断积累经验。

如果你不想置身于阔步前行的革命之外，不想一味地被迫接受，那么是时候觉醒了。这就是我对数字革命将为人类及社会带来的影响持有积极态度的原因，因为知道自己想要什么总好过对抗我们不知道的。

尽管如此，数字革命仍然有其消极的一面，有偏差和风险。但如果我们拒绝理解和尝试，如果我们鉴于某种无效的谨慎原则而一直躲在防护墙后面，我们将无法预防它们。

我们不该屈服于“技术解决主义”，不该相信技术能自动改变世界。人本身才是能通过使用技术来使世界变得更美好的中坚力量。不是作为企业、公民、创业者或者公共当局的部分的“人”，而是所有人一起。这样，就没有人落下，也没有人能独享进步的成果。其实，在数字转型的背后存在的是新的社会模式、新的社会契约方面的问题。

我们注定要不断前进，所以要紧抓一切，在展现于我们面前的所有领域里阔步前行。从健康到教育、工作的革新，再到数据——未来世界的燃料——的所有权的界定。什么都不做、只将自己保护起来不仅不会改变现状，反而会带来一场大规模的集体失败。

我们同时肩负着重大的责任。我们对于如何改变周围的世界以及要将怎样的世界留给后人都具有不可推卸的责任。我们不能对事物听之任之、放任自流，让自身陷入抗拒的泥潭。我们有责任让这场数字革命顺利进行下去，即使有一天我们不在了。

人类的历史表明，我们已经经历过许多重大的变革，而我们总是能充分利用这些变革成功取得满意的结果。因此，这一次不要让恐惧妨碍我们同样成功地应对变革。我们拥有权力也肩负重任，一切都在我们的掌控中。

词汇表[①]

Apple Pay

Apple Pay 是苹果公司提供的移动支付服务。它使消费者可以通过苹果手机或苹果手表绑定银行卡，在实体商店通过 NFC（近距离无线通信技术）芯片完成支付或进行在线支付。

ATAWAD

任何时间（any time），任何地点（anywhere），任何设备（any device）。这个缩略词描述了用户在移动情况下连接到网络的能力不受时间、位置或终端限制。

云计算

云计算是一种基于互联网的计算方式。通过这种方式，共

① 来源：维基百科。

享的软硬件资源和信息可以按需求提供给各种计算机终端及其他设备。

设计思考

设计思考是一种以人为本的解决问题方法论，通过从人的需求出发，为各种议题寻求创新解决方案，并创造更多的可能性。

免费增值模式

免费增值模式是由免费（free）和额外费用（premium）结合在一起形成的混成词。它是一种属于专有软件的商业模式，可供长时间免费使用，但其中一些先进的特性、功能或虚拟物品则需要付费。

游戏化

游戏化是指将游戏机制转移到其他领域，特别是网站、社交网络以及我们平时的学习或工作中。其目的是依靠人类对游戏与生俱来的兴趣增加应用程序的可接受性和使用性。

谷歌无人驾驶车

谷歌无人驾驶车是由谷歌公司开发的自动（无人驾驶）汽车项目。

谷歌眼镜

谷歌眼镜是由谷歌公司推出的一项研究和发展计划。它是一款配有光学头戴式设备、具有增强现实功能的显示器。

3D 打印

3D 打印是由设计人员使用计算机辅助设计工具在屏幕上绘制物体，然后将生成的 3D 文件发送到特定的打印机上，在计算机的控制下层叠原材料以获得最终产品的打印过程。通过它，可以制造出真实的三维物体。

沃森

沃森是由 IBM 设计的一种人工智能程序，它可以回答用自然语言提出的问题。

物联网

物联网是互联网、传统电信网等资讯承载体，是让所有能行使独立功能的普通物体实现互联互通的网络。

慕课（MOOC）

慕课即大规模开放在线课程。慕课是一个开放的远程学习的例子。教师和学生作为课程的参与者，在地理位置上是分散的。他们只能通过互联网进行交流，使用开放的教育资源。

“大规模”这个限定词是指课程参与者为数众多。在英语世界中，可能会有超过十万人一起上课的情形。

Passbook

Passbook 是由苹果公司开发的应用程序，可用于优惠券、座位预订（电影院、餐厅、旅馆……）或会员卡的重新分组。

播客

播客是一种数码媒体技术，指一系列的音频、视频或文档以列表形式经互联网发布，然后用户经由电子装置订阅，从而获取内容。

通才

通才是指对大量不同领域的知识——特别是艺术和科学领域——都有深入了解而且表现超群的人。

软件即服务

软件即服务是一种软件的商业运行模式。在这种模式下，软件被安装在远程服务器上而不是用户计算机上。客户不需要为某一版本的使用许可付费，但通常免费使用在线服务或付费使用升级服务。

严肃游戏

严肃游戏是一种将“严肃性”的意图（教学、传递信息、交流、营销、传播思想或者训练等意图）与趣味性的原动力相结合的软件。

Siri

Siri 是一款内置在苹果系统中的人工智能助理软件。它使用自然语言处理技术。使用者可以通过自然的对话与手机进行互动，享受搜寻资料、查询天气、设定手机日历等多项服务。

智能城市

智能城市是指利用各种资讯科技或创新意念，整合城市的组成系统和服务，以提升资源运用的效率、优化城市管理和服务，以及改善市民生活质量。

超人类主义

超人类主义是一项国际性的文化智力运动，支持使用科学技术来增强人的精神、体力、能力和资质 。

可穿戴技术

可穿戴技术是具有先进的电子信息元件的服装或附件。

致　谢

这本书的故事有点像它讨论的主题。它是通过不断地交流、碰撞、发现结出的果实。一点点的积累素材创作这本书的过程，对我来说也是一种独特的体验。正是这种体验使我从创立公司以来形成的观点得到了大大的改进。

感谢所有直接或间接对本书的完成给予帮助的人，我希望大家通过阅读这本书从中找到自己的影子。

不过，我在这里还想特别感谢一些人。

感谢我的朋友乔纳森（Jonathan）的耐心和坚定的支持。

感谢我的父母和祖父母带给我的价值观，他们一直支持我的职业生涯。在 1997 年，我放弃了医学学业、进入互联网领域的时候，他们给予了我充分的信任。

感谢我的兄弟卡洛斯（Carlos）的充沛创造力及横溢的才华和魄力。感谢他监督我每周日早晨收听法国新闻台来自旧金山的关于硅谷的报道。

感谢伯特兰·迪佩兰（Bertrand Duperrin）为反复阅读这本书而度过的一个个夜晚。也感谢他十年来对我的思考做出了不懈的贡献。

感谢皮埃尔·于斯泰尔（Pierre Hurstel）让我明白了数字世界中最重要的是人。

感谢卡里姆·舒凯里（Karim Chouikri）和迪特·克劳文克斯（Dieter Kraewinkels）多年来的友谊和忠诚。他们是无比出色的商业伙伴。

感谢我现在和以前的团队。没有他们的陪伴，我永远不会经历这场“冒险”，而正是这场“冒险”成就了现在的我。

感谢我的客户。正是他们提出的问题和要求每天鞭策着我自省，而不能躺在功劳簿上睡觉。没有他们的信任，我就不会成功。

感谢我的朋友们。我们一起分享了美好的时光。你们在我最困难的时刻给予了我鼓励和支持。

感谢所有在推特上关注@ ManuelDiaz 的人，也感谢那些挑战和质疑我的人，是你们激发了我的思考。

Tous digitalisés：Et si votre futur avait commencé sans vous? by Manuel Diaz © DUNOD Editeur, Paris, 2015

Simplified Chinese language translation rights arranged through Divas International, Paris 巴黎迪法国际版权代理（www. divas-books. com）

Simplified Chinese edition © 2020 by China Renmin University Press.

图书在版编目（CIP）数据

数字化生活：假如未来已经先你而行/（法）曼努埃尔·迪亚斯（Manuel Diaz）著；苏蕾译. —北京：中国人民大学出版社，2020. 4

ISBN 978-7-300-27975-6

Ⅰ. ①数… Ⅱ. ①曼… ②苏… Ⅲ. ①数字技术-应用-社会生活 Ⅳ. ①C913. 3

中国版本图书馆 CIP 数据核字（2020）第 043581 号

数字化生活

假如未来已经先你而行

［法］曼努埃尔·迪亚斯　著

苏　蕾　译

Shuzihua Shenghuo

出版发行	中国人民大学出版社		
社　　址	北京中关村大街 31 号	**邮政编码**	100080
电　　话	010－62511242（总编室）		010－62511770（质管部）
	010－82501766（邮购部）		010－62514148（门市部）
	010－62515195（发行公司）		010－62515275（盗版举报）
网　　址	http：//www. crup. com. cn		
经　　销	新华书店		
印　　刷	北京联兴盛业印刷股份有限公司		
规　　格	145mm×210mm 32 开本	**版　　次**	2020 年 4 月第 1 版
印　　张	5. 125 插页 2	**印　　次**	2020 年 4 月第 1 次印刷
字　　数	71 000	**定　　价**	39. 00 元